Heinrich von Maltzan

Meine Wallfahrt nach Mekka

OK Publishing 2021

Heinrich von Maltzan

Meine Wallfahrt nach Mekka

Reise zum Herzen des Islams - Haddsch aus einer anderen Perspektive

MUSAICUM
Books

- Innovative digitale Lösungen & Optimale Formatierung -
musaicumbooks@okpublishing.info

2021 OK Publishing

ISBN 978-80-272-4944-2

Inhaltsverzeichnis

Vorrede an die jungen Leser　　　　　　　　　　　　　　　　11

Kapitel 1. In Ägypten　　　　　　　　　　　　　　　　　　15

Kapitel 2. Auf dem Roten Meer und an der arabischen Küste　　20

Kapitel 3. Dschedda　　　　　　　　　　　　　　　　　　29

Kapitel 4. Von Dschedda nach Mekka　　　　　　　　　　　37

Kapitel 5. Die Kaaba　　　　　　　　　　　　　　　　　42

Kapitel 6. Mekka　　　　　　　　　　　　　　　　　　47

Kapitel 7. Der heilige Berg　　　　　　　　　　　　　　　53

Kapitel 8. Die Flucht　　　　　　　　　　　　　　　　　61

Vorrede an die jungen Leser

Götzendienst! Gewiß habt ihr schon davon gehört. Gewiß kennt ihr auch aus dem Museum die fratzenhaften Gestalten, die sich die armen Wilden in ihre Tempel stellen, und denen sie mit größter Ehrfurcht nahen; sie knien davor nieder und beten sie an, sie suchen sie gnädig zu stimmen durch ein Opfer, sie bringen ihnen dampfende Speisen, die freilich der Tempeldiener nachher wegholt und anderweitig verwendet, und sie bitten sie um Hilfe in der Gefahr. Wie kann es nur Menschen in den Sinn kommen, Puppen von Holz oder Stein göttlich zu verehren? Wie können sie nur auf den Gedanken kommen, diese in bunte Lappen gewickelten Fratzen könnten ihnen helfen, ja könnten ihnen noch da helfen, wo menschliche Hilfe vollkommen unmöglich ist? Puppen sollen das Wetter machen können, sollen den durstenden Feldern Regen schicken und den Blitz vom Hause abwehren können! Puppen, die man in der Schlacht voranträgt, sollen die feindlichen Pfeile in Verwirrung bringen, sollen die Herzen der Feinde erzittern machen, sollen Krankheit und Unruhen im feindlichen Lager anstiften können! Verwundert schütteln wir den Kopf über solche Kindereien, über solchen Aberglauben. Wir wissen längst, daß sich die Natur nicht durch den Glauben und durch fromme Wünsche besiegen läßt, daß der Feind nur durch stärkere Waffen, durch geübte Truppen und durch mutiges Draufgehen in die Flucht geschlagen werden kann. Wir wissen, daß das Wetter von Naturkräften gemacht wird, die sich nicht kommandieren lassen, wissen, daß Sonnenschein und Regen nicht kommen und gehen, wie wir wollen, sondern wie sie wollen. Wir denken, daß es den Menschen wohl noch einmal gelingen wird, auf die Kräfte, die das Wetter machen, ein wenig Einfluß zu gewinnen; wir sind aber zufrieden, wenn uns heute annähernd vorausgesagt werden kann, was der morgige Tag bringen wird: Sturm oder Stille, Niederschläge oder Trockenheit. Und diese Götzen können alles – sie sind Wettermacher, Krieger, Ärzte, Propheten und Künstler in einer Person! Wie ist nur solcher Aberglaube in die Menschheit eingedrungen und hat sich dort so hartnäckig festgesetzt? Denn so leicht lassen sich die Wilden ihren Glauben nicht ausreden. Tritt zufällig das gewünschte Ereignis ein, so ist das natürlich der übermenschlichen Kraft ihres Götzen zu verdanken; tritt das Ereignis nicht ein, so ist der Götze seinem Stamme – nicht gnädig gesinnt; daß er zaubern kann, hat er ja in tausend Fällen bewiesen; er *kann* ihnen wohl helfen, er *will* es nur nicht! So bewegen sich ihre Gedanken immer im Kreise herum, und alle unsere Überredung und Belehrung ist einfach in den Wind gesprochen. Und überall bei den Wilden ist der Wunderglaube verbreitet; ja er findet sich auch noch bei den Völkern, die bereits durch ihre Einrichtungen und Erfindungen bewiesen haben, daß sie die Wege kennen, die einzig und allein zu Wundern führen, die durch Fleiß, Geschicklichkeit und Ausdauer Dinge geschaffen haben, die das Staunen der Nachbarvölker erregen, die diesen einfach als Zauber- oder Wunderdinge erscheinen müssen. Auch bei klugen und mächtigen Völkern findet sich noch Wunderglaube. Ich glaube, er findet sich auch noch bei uns. Wie ist nur der Wunderglaube in die Menschheit hineingeraten?

Ein wenig finden wir diese schwierige Frage in der vorliegenden Erzählung von einer Pilgerfahrt nach Mekka beantwortet. Mekka bildet den Mittelpunkt und das größte Heiligtum für alle die vielen Millionen Menschen, die an Mohammed und an seine Lehre glauben. An einen Götzen glauben sie nicht mehr, sie glauben an einen Gott. Gott ist für sie eine Person, die allmächtig und allgegenwärtig ist, die die ganze Welt geschaffen hat und täglich und stündlich neue Wesen ins Leben ruft, die hoch über den Wolken in einer Wunderwelt thront, die aber auch in der kleinsten Hütte wohnt, und die jedes Wort kennt, ganz einerlei, ob es schon gesprochen ist oder noch in Gedanken verborgen ruht. Jede Religion ist zuerst einmal eine große Erkenntnis gewesen, ein plötzliches, gewaltsames, herrliches Verstehen dessen, was in der Natur und im Menschenherzen vor sich geht. Dieser gewaltige Gott, von dem man sich kein Bild machen kann und machen darf, gehorcht nicht wie ein Götze den Launen der Menschen, die heute gutes Wetter und morgen eine Schlacht und übermorgen einen anderen kleinen Vorteil mit seiner Hilfe erringen möchten. Er regiert die Welt nach ewigem Plan, und da gehen die Dinge ihren großen, ruhigen Gang, nicht wie der Einzelne möchte, sondern wie es der ganzen Menschheit letzten Endes zum Besten dient. Und was sind die Wünsche von heute und morgen, wenn es sich um das Glück deines ganzen Lebens handelt?! Jede glückliche Stunde deines Lebens, jeden Sonnenstrahl und leisen Windhauch dankst du dem allmächtigen Gott; aber er schickt dir auch bittere Leiden, Schmerzen und Krankheiten, um dich zu prüfen, und er lohnt dir dein treues Ausharren durch endliche ewige Seligkeit. Wie natürlich ist dieser Glaube; das ganze Leben stellt er unter die Gesetzmäßigkeit der Natur, nur der Tod schließt noch ein Wunder ein, ein Wunder, das aber auch die heidnischen Wunder in ihrer Gesamtheit aufwiegt! Und wie stark macht dieser Glaube! Die ärgsten Verfolgungen machen ihn nur immer stärker, denn – »Gott will dich ja nur prüfen!« Wie mächtig muß aber erst eine Gemeinde von Gläubigen werden, ein Volk von Gläubigen; kein Heidenvolk kann vor ihm bestehen bleiben. Die Glaubensboten wandern über hohe Berge, übers weite Meer, um die neue Lehre hinauszutragen; die große Masse der Gläubigen folgt ihnen mit dem Schwerte, um, wenn nötig, mit blutiger Strenge die Gemeinde Gottes zu vergrößern. So ist auch der Islam, die Religion der Mohammedaner, siegreich von Land zu Land vorgedrungen, um überall den Götzenglauben auszurotten, die Altäre zu stürzen und die heidnischen Tempel zu verbrennen, um überall Menschen zu erziehen, die Gutes tun, nicht um von heute bis morgen Vorteil dadurch zu gewinnen, sondern im Hinblick auf die letzte große Belohnung, die Gott den Gläubigen zuwenden wird. Fast scheint es schon, als übten diese Menschen das Gute um des Guten willen. Sie fühlen sich glücklich in der Gemeinschaft der Gläubigen, bauen herrliche Versammlungshäuser, die gegen den Alltag abschließen und schon beim Eintritt Andacht erwecken, und die Freude an den Erscheinungen in der Natur und in der Geschichte der Menschheit, die sie alle als Werke Gottes erkannt haben, führt sie zur Kunst und Wissenschaft. Aber dann beginnt auch sachte, sachte wieder der Wunderglaube. Wo kann man diesen allmächtigen Gott verehren? Sicher überall, denn er ist ja allgegenwärtig. Wo kann man ihn am besten verehren? Da, wo er zuerst geschaut wurde, wo er sich zuerst offenbarte, an der Wiege oder am Grabe des Propheten. Auch das ist so sicher, daß es keines besonderen Beweises bedarf. Wenigstens einmal im Leben sollte mithin jeder Gläubige zum Grabe des Propheten wallfahrten, einmal auch so Gott von Angesicht zu Angesicht schauen, wie es der heilige Stifter der Religion tat. Dann ist dem Gläubigen der höchste Lohn sicher, dann mag ihm auch manche böse Tat verziehen sein. So finden wir denn die Gläubigen in gewaltiger Ansammlung auf Pilgerfahrten zum Zentralheiligtum ihrer Religion. Auf solchen Pilgerfahrten aber findet der Wunderglaube tausendfältige Nahrung, hier wächst er riesengroß. Da treffen sich die Gläubigen aus allen Provinzen ihres großen Reiches; aller Augen sind auf das ferne, glänzende Ziel gerichtet, alle Erwartungen sind auf das höchste gespannt. Schon gehen von Mund zu Mund die Berichte der Wunderdinge, die dort an heiliger Stätte geschehen sein sollen: Krankheiten sind geheilt worden, Unglück ist abgewendet worden. Die Anstrengungen der Reise machen die Aufregung, die alle Pilger angesteckt hat, noch größer. Gott will es, daß wir leiden, ehe wir selig werden; darum vorwärts, verachtet die Schmerzen! Einer versucht es dem andern in der Überwindung von Leiden zuvor zu tun; ein allgemeiner Wetteifer entsteht, zu dursten, zu hungern, sich zu peinigen, und reißt alle Bedächtigen und Zweifler mit sich fort. Endlich ist der große Augenblick erschienen.

»Es war die erste Tagesdämmerung,« so wird in diesem Buche erzählt, »jene Zeit, welche nicht mehr Nacht und noch nicht Tag ist, jene Zeit, in der man nicht einen weißen Faden von einem schwarzen soll unterscheiden können. Dieses matte, rosige Licht dauerte vielleicht nur eine Minute. Aber diese Minute genügte uns, um auf dem zarten, mattgefärbten Himmelsrande eine graue Masse mit undeutlichen Umrissen sich abzeichnen zu sehen. Beim Anblick dieser grauen Masse brach auf einmal ein fürchterlicher, unaussprechlicher Jubel aus allen Kehlen los. Ein tausendfaches »Labik« begrüßte die Erscheinung. Mekka, die neunmal heilige Stadt, Mekka, in dem jeder Stein heilig ist, Mekka, in dem die Kaaba liegt, die Kaaba, das Heiligste auf Erden, die Wiege des Islam, die feste Burg Gottes auf Erden, Mekka war es, das aus allen Kehlen mit donnernden Rufen begrüßt wurde. Eine Begeisterung, wie ich sie noch nie in meinem Leben gesehen hatte, gab sich kund. Viele Pilger warfen sich auf die Erde nieder, streckten die Arme sehnsüchtig nach der schwarzen Häusermasse aus oder bedeckten den Wüstensand mit brünftigen Küssen. Die meisten weinten, schluchzten oder seufzten in lauten, gellenden Tönen.«

Aber auch die Ankunft an der heiligen Stätte läßt keine Ernüchterung aufkommen. Schon der Gedanke, an der Stätte zu weilen, vor dem Stein zu knien, vor dem Tausende vor dir gekniet haben, zu dem Millionen von Herzen täglich beten, hat etwas Verwirrendes an sich. Dazu kommt die riesige Ansammlung von Menschen, die hier für wenige Tage aus allen Richtungen zusammenfluten. Und aufs neue verstärkt sich die Aufregung, denn nun gilt es, eine Menge von religiösen Übungen auszuführen, wenn nicht die ganze Pilgerfahrt vergeblich sein soll. Und die Begeisterung der Masse reißt alle Vernunft wie in einem wilden Strom mit sich fort. In einem solchen Schwärm wütender, entzückter Menschen ist der einzelne fähig, Hunger und Durst zu vergessen, Frost und Hitze zu verachten und körperliche Leistungen zu vollbringen, über die man sich später, in Zeiten ruhiger Besinnung, einfach – wundert. Da kann auch wohl der übermächtig sich fühlende Wille im Menschen seiner Krankheit Herr werden. Solche Heilungen, die sich oft auf den Pilgerfahrten ereigneten, sind gewiß Wunder, aber sie sind – natürliche Wunder. – So sind ja auch alle großen Taten zustande gekommen, alle Eroberungen, Entdeckungen und Erfindungen: tausend Schwierigkeiten waren zu überwinden, tausendmal verzagte der Mensch, aber immer wieder trieb ihn der Gedanke vorwärts, der Gedanke an den Sieg, an den Ruhm, an das Glück! – Mit welchen Erinnerungen werden die Pilger in ihre Heimat zurückkehren! Wie wird sich dort alles, was sie an der heiligen Stätte schauten, verklären und vergolden! Und wie leicht können sich nun die wunderbaren Vorfälle, die dort schon das Entzücken der Pilger bildeten, in der Heimat ins Fabelhafte und Übernatürliche vergrößern, um nun wieder die Sehnsucht und das Verlangen, die heiligen Stätten zu betreten, in Tausenden ihrer Brüder lebendig zu machen!

Aber diese gewaltige Aufregung und Begeisterung ist nicht von Dauer. Sie kommt und geht; sie steigt an wie die Meeresflut, und sie fließt wieder zurück und macht einer großen Ernüchterung Raum. Die Menschheit erwacht aus einem glühend schönen Traum und findet sich im grauen Alltag wieder, im Alltag, der keine Wunderdinge verschenkt, der nur Treue, Fleiß und Ausdauer belohnt und auf ganz andere Weise zu Wundertaten führt – nicht durch gewaltsame Anstrengungen und unerhörte Selbstpeinigungen, sondern durch treue Beobachtung der Naturgesetze, durch fleißige Umschau bei den Meistern, und durch unermüdliches Probieren und Studieren.

Der Islam, der nicht mehr in diese Welt paßt, wird alt. Seine Reiche zerfallen. Seine Kirchen sinken in Schutt und Trümmer. Seine Gläubigen werden müde, verzagt und gleichgültig. Sie träumen den alten Traum weiter, und auch der dumpfe Fall der Kirchenmauern kann sie nicht aufrütteln. Gott hat es so gewollt! »Ihr Leben war so kurz berechnet.« –

Und andere Völker übernehmen nun die Führung. Und nun fängt unter den Ruinen der Götzendienst leise wieder an. Die Leute verstehen die Pilgerfahrt nicht mehr; eine große Versammlung sollte sie sein, in der die Gläubigen aller Länder sich ihre Freuden, ihre Hoffnungen, ihre Erfahrungen mitteilen, um gestärkt im Glauben wieder zurückzukehren. Die Nachkommen wissen nichts von einer solchen Vereinigung und Verbrüderung der Gläubigen; sie sehen nur noch die toten Dinge, vor denen die Heilungen und Wunder passierten. Und solcher Heiligtümer gibt es bald eine ganze Menge. Da ist die heilige Kirche, die unzerstörbar ist und die Herzen aller Gläubigen wie ein Magnet anzieht. Da ist in einer der Wände der Kirche der schwarze Stein, der Mittelpunkt des ganzen Reiches, der ein Engel ist und seit der Erschaffung der Welt hier ruht. Da ist der heilige Brunnen, der sich niemals entleert und wenn Millionen daraus trinken, und dessen Wasser alle Krankheiten heilt. Da sind noch viele, viele Heiligtümer, die angebetet werden und von denen sich eine heilkräftige und wunderbare Wirkung erhoffen läßt. Man muß aber auch in der rechten Weise vor diesen heiligen Gegenständen seine Andacht verrichten, denn sonst helfen sie nicht; ein einziges falsches Wort kann alles verderben. Darum ist es gut, daß sich Gehilfen finden, die den Pilger in den vielen Irrwegen eines solchen Gottesdienstes zurechtweisen. Wer aber alle Worte richtig gesprochen und alle vorgeschriebenen Handlungen ausgeführt hat, dem wird auch die große Belohnung nach dem Tode zuteil. Man muß nur warten können! Und die größten Tugenden werden nun Geduld und Ergebenheit in den Willen Gottes, der doch das Leben der Menschen schon im voraus bis ins kleinste fest bestimmt hat! Was kümmern diese Glücklichen noch die kleinen Obliegenheiten und Geschäfte des Tages: So lange sich noch Essen und Trinken findet und ein leidliches Gewand, und so lange das Dach nicht einstürzt, so lange können sie sich dem ungestörten Traum von der späteren Glückseligkeit hingeben. Und die Völker, die für einige Jahrhunderte durch die feurige Kraft des neuen Glaubens lebendig geworden waren, versinken wieder in den alten Dämmerzustand, sind wieder heidnisch, treiben Götzendienst.

So mag auch in dem Götzendienst der armen Wilden einmal Sinn und Vernunft gewesen sein. Die fratzenhaften Gestalten sind vielleicht Abbilder des großen, schon längst verstorbenen Urvaters und Gründers der Gemeinde, dessen Anordnungen, Taten und Worte noch immer in aller Munde sind, dessen »Geist« noch jetzt im Dorfe umgeht. Oder sie sind die erdichteten Figuren der großen Naturkräfte, von deren Spiel und Gunst alles abhängt, der Sonne, des Meeres, der fruchtbaren Mutter Erde. So wird auch im Götzendienst im tiefsten Grunde ein schöner Sinn gelegen, ein Morgenrot der Erkenntnis geleuchtet haben; aber über die Nachkommen sank die Dämmerung des Kinderglaubens herab, und der Gottesdienst endigte in einem Possenspiel.

Gewiß, dieser kindische Aberglaube fordert unseren Spott heraus, und unser trefflicher Erzähler läßt es nicht daran fehlen. Aber wenn wir recht auf den Grund dieser Verirrungen sehen, so finden wir, daß doch überall dieselben Hoffnungen und dieselben Zweifel das menschliche Herz bewegen, bei den Wilden so gut wie bei den Menschen unserer Heimat. Und dann lernen wir auch den Götzendienst verstehen. Und alles verstehen heißt – alles verzeihen!

Bremen 1909
Fritz Gansberg

Kapitel 1. In Ägypten

Bei meiner ersten Reise in Ägypten saß ich eines Abends in Kairo an der wohlbesetzten Hoteltafel und mir gegenüber ein Mann in vollständig morgenländischem Gewand, sonnengebräunt, mit einem langen Bart und geschorenem Kopf, mit Armen, welche bis an die Ellenbogen, und mit Beinen, welche bis an die Knie hinauf nackt waren. Anfangs beachtete ich ihn nicht, da es ja in Kairo Araber genug zu sehen gibt. Als er nun aber den Mund öffnete und in reinstem Englisch mit seinem Nachbar eine Unterhaltung begann, da wurde ich doch sehr neugierig. Wer war dieser arabische Engländer? – Niemand anders als der berühmte Leutnant Burton, der eben von Mekka zurückgekehrt war, von Mekka, der heiligen Stadt der Mohammedaner, von Mekka, dessen Betreten jedem Christen bei Todesstrafe verboten ist. Burton hatte die Reise als Mohammedaner verkleidet zurückgelegt, und so war es ihm gelungen, die heiligen Stätten zu besuchen und sich mitten zwischen den Gläubigen zu bewegen, ohne daß jemand in ihm den Ungläubigen ahnte. Je mehr ich Burton erzählen hörte, um so stärker wurde in mir der Wunsch, seinem Beispiele zu folgen. Aber da ich noch nicht gut Arabisch sprechen konnte, so mußte ich meinen Plan noch lange, lange aufschieben.

Sieben Jahre später, im Frühlinge 1860, als ich von einer Reise durch Marokko zurückgekehrt war, auf welcher ich mich auch oft hatte verkleiden müssen, brachte ich meinen Plan endlich zur Ausführung. Durch einen mehrjährigen Aufenthalt in Nordafrika hatte ich eine Sprechweise des Arabischen, den maghrebischen Dialekt, einigermaßen sprechen gelernt. Als Maghrebi verkleidet konnte ich die Pilgerfahrt unternehmen. Zwei Dinge mußte ich mir aber dann noch anschaffen: ein maghrebisches Gewand und einen muselmännischen Namen; ersteres war leicht, letzteres nicht sehr schwer. Ich kaufte mir also in Algier in aller Heimlichkeit einen maurischen Anzug: eine Jacke, zwei Westen, Schärpe, Hose, rote Mütze und einen halbseidenen Turban. Das alles zog ich nun nicht etwa an, sondern wickelte es vielmehr sorgfältig in ein Tuch und begab mich in stockfinsterer Nacht mit diesem Bündel in eins der abgelegensten Gäßchen der Stadt, wo ich in ein kleines, in einem Keller befindliches Kaffeehaus trat. Dort, wußte ich, würde ich den Mann treffen, der mir für die geplante Pilgerreise seinen Namen leihen würde.

In einem Winkel dieses Lokales saß ein arabischer Strolch, der früher in einem gewissen Wohlstand gelebt hatte, aber durch das stete Rauchen des berauschend wirkenden Haschisch so heruntergekommen war, daß er zu keiner Arbeit mehr Lust hatte. »Sage mir, Abd-er-Rahmann,« so redete ich ihn zu seinem höchsten Erstaunen an, »willst du sechs Monate auf die angenehmste Weise, ohne Sorgen und mit reichlichem Geld versehen, zubringen und während dieser Zeit Haschisch rauchen, soviel du magst, ohne daß dich einer von deinen Gläubigern zu belästigen wagt?« Der Angeredete schaute mich an, als glaubte er, ich hätte auch Haschisch geraucht und erzählte ihm nun ein Märchen aus Tausendundeiner Nacht. Endlich fragte er, was ich denn mit solchem Unsinn meinte. »Du wirst«, erwiderte ich, »dich in acht Tagen von hier entfernen und nach Tunis oder einer andern afrikanischen Stadt gehen, dort sechs Monate still für dich deinen Haschisch rauchen und bekommst dafür...« (hier nannte ich ihm eine Summe, die für einen Araber ganz annehmbar war). Einen Augenblick meinte Abd-er-Rahmann, ich wäre wohl ein Missionar, die es zuweilen, aber erfolglos, versuchen, Mohammedaner zu Christen zu machen, und erst als ich ihn darüber beruhigt hatte, erklärte er sich zu allem bereit. »Du wirst«, sagte ich ihm, »diesen Anzug, welchen ich hier in diesem Bündel mitgebracht habe, morgen früh anziehen und so gekleidet aufs Stadthaus gehen und eine Polizeikarte auf deinen Namen für eine Pilgerreise nach Mekka verlangen.« – Einen Tag später hatte ich meinen Paß. Der gute Abd-er-Rahmann schiffte sich nach Tunis ein, während er vorgab, die Pilgerfahrt nach Mekka unternehmen zu wollen, um nach sechs Monaten mit dem ehrwürdigen Namen eines Hadsch (eines Pilgers) zurückzukehren. Auf seine Verschwiegenheit konnte ich rechnen, denn er geriet bei seinen Landsleuten in die größte Gefahr, wenn sie erfuhren, daß er einem Ungläubigen zu einer Fahrt nach ihrer heiligen Stadt verholfen hatte. Nicht nur hat die türkische Regierung, welche die Herrschaft über das Heilige Grab ausübt, Todesstrafe für jeden Ungläubigen, der die Stadt zu betreten wagen sollte, festgesetzt; nein, auch jeder Pilger wacht über sie und würde jeden Christen sofort anzeigen, wenn er sich verkleidet in die Stadt schleichen sollte. In dem Paß, den ihm die Polizei ausgestellt hatte, stand außer dem Namen auch eine genaue Beschreibung Abd-er-Rahmanns; aber es gelang mir einigermaßen, mich so zu verkleiden, daß seine Beschreibung auch auf mich paßte; nur den Ausschlag auf dem Kopfe, an dem mein Gehilfe, wie so viele Leute im Morgenlande, litt, wollte ich mir nicht anschaffen, obgleich es ja durch Ansteckung möglich gewesen wäre. Aber ich konnte ja sagen, ich wäre von jener Krankheit unterwegs geheilt worden.

Kaum war ich im Besitz des Passes, als ich ein Dampfschiff bestieg und mich auf die Reise machte. Anfangs war ich noch Europäer; auf einer Station aber verwandelte ich mich in die Person Abd-er-Rahmanns und fuhr dann auf einem andern Dampfschiff nach Ägypten, und zwar nach Alexandrien. Ich fuhr bescheiden auf dem dritten Platz, fastete und verrichtete meine Gebete, wie es sich für einen armen Pilger gehört. Zum Glück war die See ruhig, die Wellen stürzten nicht über Deck, und auch die Seekrankheit verschonte mich. Am 16. April langten wir in Alexandrien an. Von dieser Stadt will ich jetzt nichts erzählen, nichts von dem Gewühl in den Straßen, von den Maultieren, wilden Hunden, Kamelen, nichts von den großen Bauten. Nur von einem Bauwerk muß ich berichten, von der Eisenbahn, die von Alexandrien nach der Hauptstadt Kairo führt. Wenn der Kalif Omar noch lebte, der die Bücher der großen Bibliothek in Alexandrien zur Badeheizung verbrennen ließ, weil sie neben dem Koran überflüssig waren, wenn er die Eisenbahn, dies Teufelswerk, gesehen hätte, so hätte er sie gewiß zerstört, jedenfalls aber jedem frommen Pilger verboten, von der schändlichen Erfindung der Inkliis (Engländer) Gebrauch zu machen. Aber heutzutage wagt man die Eisenbahn doch nicht mehr zu verbieten, und so fahren denn auch die frommen Pilger auf dem gottlosen Schienenwege dahin. Am 26. Ramadan (18. April) nahm ich ein Billett dritter Klasse und bestieg einen Wagen, der schon ganz mit Ägyptern und Türken besetzt war, denn so, dachte ich, konnte doch kein Maghrebi, der bald meine Verkleidung durchschaut hätte, mein Nachbar werden. Zum Glück konnte ich die weißen Mäntel der Maghrebi immer schon von weitem erkennen und in weitem Bogen um diese Leute herumgehen.

In der Eisenbahn schloß ich bald Bekanntschaft mit einem alten ehrwürdigen Mann mit langem weißen Bart, mit einem Kattunkleid angetan, mit einem Turban auf dem Kopf und gelben Schuhen an den Füßen. Er führte fortwährend fromme Sprüche im Munde. Die wichtige Neuigkeit, daß es nur einen Gott gebe und daß Mohammed sein Prophet sei, wurde uns wenigstens hundertmal auf der Reise mitgeteilt. Dieser Greis war ein gewisser Schich Mustapha aus Kairo, ein Gelehrter, der den ganzen Koran auswendig wußte und der mit seinen drei Neffen die Pilgerreise nach Mekka antreten wollte. Die Reise sollte den Nil hinaufgehen und von dort durch die Wüste und über das Rote Meer geradezu nach dem Heiligen Grab führen. Und da er wohl merkte, daß ich Geld hatte, so riet er mir eifrig zu, mit ihm zu reisen, womit ich auch ganz einverstanden war. Unter solchen Gesprächen fuhren wir an den Pyramiden vorbei und begrüßten endlich die alte Kalifenstadt Kairo. Noch im Bahnhof überraschte uns der Kanonenschuß, der den Gläubigen das Ende des Fasttages ankündigte. Nun hätte man sehen sollen, mit welcher Gier die Moslems, die einen über ihre Pfeife, die andern über ihre Lebensmittel herfielen! –

Auch von Kairo will ich nicht viel erzählen. Ich hatte meine bescheidene Herberge in dem Stadtviertel der Kupferschmiede. Da der Monat Ramadan, an dem man tagsüber fasten muß, noch andauerte, so zog ich vor, den Tag über zu schlafen, um mich nicht zu sehr abzuschwächen. Nur nachts ging ich aus, durch die herrlich erleuchteten Straßen, besuchte die von tausend Lichtern strahlenden Moscheen, schlenderte zwischen den Kaufläden umher, trat auch wohl in ein arabisches Kaffeehaus und sah dort den Tänzerinnen und den Clownsspäßen zu. Mein neuer Bekannter Schich Mustapha, den ich auch einmal traf, führte mich zu einem Sklavenhändler, von dem ich mir einen jungen Negersklaven für die Summe von zweihundert Franken kaufte. Warum tat ich das? Nun, in einem Sklavenbesitzer würde man doch gewiß keinen Europäer vermuten. Mein Sklave hieß Ali, war achtzehn Jahre alt, ganz schwarz, hatte sehr dicke Lippen, eine platte Nase und sehr weiße Zähne – kurz, er war ein echter Neger. Er verstand nichts, aber das war auch nicht nötig; wenn er nur an mich glaubte und jedermann sagte, ich sei ein frommer

Moslem – und das tat er. Endlich war der entsetzliche Ramadan vorbei, und ich ging mit Ali am frühesten Morgen an den Nil, wo wir unsere Bekannten mit einigen fünfzig anderen Ägyptern in einem großen Nilschiff beisammen fanden. Ich wurde ohne Arg aufgenommen, und bald ging es mit blähenden Segeln, beim schönsten, günstigsten Nordwind den Nil hinauf.

Die Mitreisenden bestanden zum größten Teil aus Ägyptern, einigen Negern, Türken und zwei Männern aus Mekka; zum Glück war ich der einzige Maghrebi unter diesem bunten Häuflein. Die Ägypter waren meist vornehme Leute, Gelehrte oder Kaufleute; einige ägyptische Bauern (Fellahin), die mit dabei waren, hielten sich meistens allein bei den Matrosen des Schiffes auf, aßen mit diesen das harte schwarze Durrabrot, welches, in Wasser gekocht, fast die einzige Nahrung der Armen ist, und schliefen auf dem Verdeck, was sie übrigens bei der Temperatur von einigen 20° R ohne Furcht vor Erkältung tun konnten. – Einer von den Gelehrten war ein großes Licht, denn er kannte sogar die Grammatik, was bei den Arabern immer das letzte ist, was sie lernen. Obgleich ich auch einiges davon kannte, so hütete ich mich doch, das merken zu lassen, weil mich das unfehlbar als Europäer verraten haben würde; denn nur demjenigen ist es gestattet, die Grammatik zu lernen, der den ganzen Koran, ohne auch nur um ein Wort zu irren, aus dem Gedächtnis hersagen kann – und davon war ich weit, weit entfernt. Die beiden Türken, die mit uns reisten, waren aus Kleinasien, waren rohe und grobe Kerle, traten schwerfällig und plump auf, aßen auf eine abscheulich schmutzige Weise und taten die unanständigsten Dinge in Gesellschaft. Aber sie wurden doch mit großer Würde behandelt, denn sie gehörten ja zu dem Volke, das über alle diese Länder herrscht. Die beiden Mekkaner waren Leute von sehr feinen Manieren; aber sie waren so eingebildet, daß sie verlangten, man solle sie unentgeltlich fahren lassen. Wenn man sie erzählen hörte, so besaßen ihre Eltern in Mekka Paläste, so schön wie der Palast Aladdins. Je mehr wir uns aber ihrer Heimat näherten, desto mehr stimmten sie ihre Prahlereien herab, und zuletzt mußten sie eingestehen, daß ihre Väter ganz arme Leute seien.

Das Schiff, auf dem wir fuhren, hatte zwei Masten, einen großen in der Mitte und einen kleinen am Vorderteil, mit dreieckigen Segeln, die sich kreuzten, wenn sie aufgespannt waren. Die Matrosen waren halbe Neger und gingen mit langen blauen Hemden bekleidet, die sie aber oft auszogen, um in den Fluß zu springen, und das Schiff, das alle Augenblicke auf einer Sandbank festsaß, mit den Fäusten und dem Rücken wieder flott zu machen. Da der Nordwind im späteren Frühjahr in Ägypten höchst selten ist, so durften wir uns nicht wundern, daß der günstige Wind, der uns die ersten drei Stunden begleitet hatte, bald einem ungünstigen Südwind Platz machte. Dieser Südwind (oder Schirokko, wie er in Algerien, oder Samum, wie er in der Wüste genannt wird) ist überaus heiß und trocken, führt eine Menge feinen Staub mit sich, der selbst durch Fenster und Läden eindringt, und bringt auch gewöhnlich Fieber und Augenentzündung mit. Da unsere Segel jetzt nutzlos waren, so mußte gerudert werden, was die faulen Matrosen nur höchst ungern und langsam taten, so daß wir kaum drei oder vier Kilometer in der Stunde vorwärts kamen. Und da der Südwind nun ununterbrochen zu wehen fortfuhr, so war die Folge, daß wir drei Wochen zu einer Fahrt brauchten, die sich sonst in acht Tagen zurücklegen ließ.

Von der Reise selbst ist nicht viel zu erzählen. Abends legten wir immer in kleinen Dörfern an, wo es oftmals bis tief in die Nacht hinein Belustigungen gab. Einmal sahen wir einen muselmännischen Friedhof. Da der Monat Schual besonders den Besuchern der Gräber gewidmet ist, so sahen wir zahlreiche kleine Barken mit ägyptischen, blauverhüllten, dichtverschleierten Frauen. Die Männer von Kairo erzählten viel Seltsames von den Krokodilen, die wir weiter oben zu sehen kriegen sollten; ich mußte mich natürlich stellen, als wüßte ich gar nicht, was ein Krokodil sei, da solche Kenntnis bei einem Maghrebi höchst verdächtig erschienen wäre; denn der Maghrebi gilt überhaupt bei den Ägyptern für ein Muster von Dummheit, und sie vergleichen ihn am liebsten mit einem Esel. – In einem Orte mußten wir einen Tag rasten, um den Matrosen Zeit zum Brotbacken zu lassen. Alle die kleinen Städtchen, an denen wir vorbeikamen, waren aus grauen Luftziegeln erbaut, so daß die Häuser wie Lehmhütten aussahen, die überall zersprangen und zerbröckelten.

Einmal wurde einem der Männer, dem dicken Omar aus Kairo, seine Börse gestohlen. Dadurch geriet er in große Wut und klagte alle übrigen des Diebstahls an. Natürlich wollten wir das nicht auf uns sitzen lassen. Aber wie konnte man den Dieb ausfindig machen? Endlich kam einer auf den Einfall, einen Spruch aus dem Koran auf ein Papier zu schreiben; dies Papier wurde dann in Stücke gerissen und jedem Anwesenden ein Stück in den Mund gesteckt; nun mußte es hinuntergeschluckt werden und – den Unschuldigen sollte der Spruch keinen Schaden zufügen, dem Schuldigen sollte er aber den Tod bringen. Auf diese Art versucht man in Ägypten oft, aus abergläubischen Menschen die Wahrheit herauszubringen, da der Schuldige dann doch sein Papier nicht hinunterschlucken, sondern irgendwo im Munde verstecken wird, wo es dann leicht gefunden werden kann. Aber in unserer Gesellschaft half das Mittel nicht, denn auch der Dieb verschluckte sein Papierchen, und bei keinem ließ sich etwas finden. Nun hätte man ja nach dem Polizeidiener schicken können, der ohne Zweifel durch Stockprügel die Wahrheit bald herausgebracht hätte. Aber sowie Omar diesen Vorschlag nur erwähnte, geriet alles in solche Entrüstung, daß er gleich davon schwieg, denn wir hätten in diesem Falle eben alle unsern Teil Schläge wegbekommen. Endlich machte einer von den Türken einen Vorschlag, der sehr seltsam war, aber doch gleich zum Ziel führte. Jeder sollte nämlich sein bares Geld vorzeigen, und wer mehr als die zur Pilgerfahrt nötige Summe bei sich habe, sei der Dieb. Es fand sich denn auch wirklich, daß niemand mehr, ja kaum einer so viel hatte, als für eine Pilgerfahrt nach Mekka notwendig ist. Ich besaß wohl etwas mehr, aber mein Geld bestand zum Teil in Banknoten, die ich gut versteckt hatte. Der Dieb jedoch, einer der beiden Mekkaner, besaß dreimal soviel als irgendein anderer, woraus hervorging, daß er vorher schon einmal gestohlen haben mußte. Da man ihm nun mit der Strafe des Halsabschneidens drohte, wenn er nicht gestehen wolle, so gab er denn schließlich sein Verbrechen zu. Omar bekam sein Geld wieder, und die ganze Gesellschaft war dem Übeltäter bald wieder gut. Der dicke Omar war so glücklich, daß er uns alle, ja den Dieb auch, mit dem besten Mokkakaffee traktierte. Bald war es in der Gesellschaft wieder so, als wenn gar nichts passiert wäre.

Um 2 Uhr nachmittags am 18. Schual 1276 der Hedschra (10. Mai 1860) vollendeten wir unsere Nilfahrt, indem wir in Kene anlangten, von wo die Karawanen durch die Wüste nach Kosseir am Roten Meer führen, wo man sich nach der arabischen Küste und besonders nach Dschedda, dem Hafen Mekkas, einschifft.

Unser Weg sollte nun etwa hundertundachtzig Kilometer durch die Wüste führen. Da mietete ich nun zunächst zwei Kamele, eins für mich, eins für Ali, der mir nicht kräftig genug schien, um den Weg zu Fuß machen zu können. Außer den nötigen Eßwaren nahm ich auch Wasser mit. Deshalb hatte ich schon in Kairo ein Dutzend großer, mit Leder überzogener Wasserflaschen gekauft, wie man sie gewöhnlich zu Wüstenreisen mitnimmt. In meinem nicht geringen Erstaunen fand ich, daß ich der einzige war, der an Wasserbehälter gedacht hatte. Nicht, als ob die Araber nicht ebensoviel Wasser trinken als die Europäer; aber sie sind so sorglos, daß sie lieber leiden wollen, als sich die Mühe zu machen und an die Zukunft zu denken. Nur für sehr große Wüstenreisen, wo es völlig an Oasen fehlt, nehmen diese Leute Wasser mit. Aber trotzdem die Leute so wenig sorgten, wurden doch zwei volle Tage auf den Vorbereitungen für die Reise vertrödelt. Das ist echt morgenländisch! – Unsere Reisegesellschaft bestand aus zweihundert Personen, aber nur der vierte Teil war beritten; die Fußgänger brauchten sich indessen auch nicht zu sehr anzustrengen, denn die ganze Strecke wurde in sieben Tagen zurückgelegt, was auf den Tag etwa fünfundzwanzig Kilometer brachte.

Unsere Karawane sah sehr bunt aus. Da waren Kamele, Esel, Pferde und Maultiere; da waren Menschen in den verschiedensten Trachten: ägyptische Bauern in langen blauen Hemden, Beduinen, die stolzen, freien Wüstenbewohner, Türken mit schauderhaft langen Schnurrbärten und mit Dolchen und Pistolen in der Schärpe (die aber so umwickelt waren mit kunstvollen Bändern, daß es sicher langer Zeit bedurfte, sie in Gang zu setzen, und die doch wahrscheinlich überhaupt nicht zu gebrauchen waren). Da waren Neger, deren Frauen sie bis ans Meer begleiteten, Frauen, die beinahe ganz nackt gingen, nur um den Leib ein Gehänge von dünn geschnittenen Riemchen trugen und deren Haare, mit ranziger Butter beschmiert, in tausend fettigen Löckchen auf den Nacken fielen. Da waren auch Araberinnen, die ein einziges Tuch übers ganze Gesicht trugen, das nur zwei Löcher für die Augen hatte, so daß man von ihrem Gesicht nichts, nicht einmal die Augenbrauen erblicken konnte. So will es hierzulande die Sitte. Die Sitte forderte auch, daß sie mit den Männern auf dem ganzen Wege nie auch nicht ein Wort wechselten, denn kein Araber spricht vor Männern mit seinen weiblichen Verwandten.

Der vierte Tag brachte uns nur zwanzig Kilometer weiter und zwar an einen Ruheplatz, wo gar kein Wasser gefunden wurde. Nun kamen mir meine Wasserflaschen recht zustatten, und ich machte mir dadurch viele Freunde, daß ich andern davon abgab. Die Moslems sind freilich nicht sehr dankbar, denn sie pflegen alle guten Werke der Menschen als Wohltaten Gottes anzusehen. Gott lenkt die Menschen so, daß sie wohltätig sein müssen, ob sie wollen oder nicht. Als wir aber dann nach sechsstündigem Ritt bei einer Quelle anlangten, da fiel die ganze Reisegesellschaft mit Heißgier über das gefundene Wasser her. Es mochte etwa 5½ Uhr morgens am siebenten Tage sein, als wir zum ersten Male an dem gewohnten immer gleichmäßigen Wüstenhorizont eine Veränderung sahen. Statt der ewigen Sandhügel und nackten Felsen erfreute unsern Blick auf einmal eine lange, spiegelglatte, im Sonnenstrahl leuchtende Fläche, auf der zahlreiche, kleine, weiße Punkte wunderlich herumirrten. Das war der Arabische Meerbusen oder das Rote Meer, das von allen Pilgern aufs freudigste begrüßt wurde. Jubelnd legten sie die beiden letzten Wegstunden zurück, und als sie in Kosseir anlangten, schien es ihnen, als hätten sie schon das Schlimmste der Pilgerfahrt überstanden.

Wir hatten in Kosseir nichts Anderes und, da der Ort auch sehr langweilig war, nichts Eiligeres zu tun, als alles für unsere Abreise vorzubereiten. Darum sahen wir uns auch gleich nach einem Schiffe um, das uns nach der arabischen Küste hinübertragen sollte. Von den zwölf Segelschiffen, die im Hafen, oder richtiger gesagt, auf dem Ankerplatz lagen, schien uns das Schiff mit dem Namen » Um ess Ssalam« (das heißt Mutter des Friedens) das solideste zu sein. Der Kapitän war ein altes Männchen mit negerartigen Zügen, einem dicken Bauch, ein paar triefenden Augen und einem recht blödsinnigen Gesicht. Außerdem war er mit der Krätze behaftet, was mich während der ganzen Fahrt aus seiner Nähe verscheuchte. Wir wurden bald handelseinig. Ich mußte tausend Piaster (etwa zweihundert Mark) für mich und fünfhundert Piaster für Ali bezahlen. Das war nach europäischen Begriffen sehr billig, für einen Muselmann dagegen sehr teuer.

Kapitel 2. Auf dem Roten Meer und an der arabischen Küste

Nachdem wir uns während des zweitägigen Aufenthalts in Kosseir die nötigen Lebensmittel für eine Überfahrt, die möglicherweise fünf Tage dauern konnte, eingekauft hatten, schifften wir uns am letzten Tage des Monats Schual (21. Mai) auf der »Mutter des Friedens« ein. Dies Schiff war ein offener Kahn mit zwei plumpen Mastbäumen, an denen nur je ein großes Segel hing, und war gewiß das ungeschickteste Schiff, das nur je ein Meer befahren hat. Es war zudem so mit Passagieren überladen, daß es ganz tief im Wasser ging und man Strohmatten am Rande aufrichtete, womit man die überkommenden Wellen abhalten wollte. Der Schiffsmann hatte uns, und allen andern ebenfalls, versprochen, nur fünfzig Reisende aufzunehmen; statt dessen fanden sich neunzig vor, von denen jeder sich als den rechtmäßigen Passagier, die übrigen aber als Eindringlinge betrachtete, woraus denn zunächst ein allgemeines Geschimpfe entstand. Endlich trat etwas Ruhe ein. Da es auf dem Schiff zu eng war, um sich frei bewegen zu können, so mußte jeder Reisende an dem Platz, den er einmal gewählt hatte, sitzen bleiben. Die Frauen mußten alle zusammenrücken, und um ihren Platz wurde ein zeltartiges Tuch gespannt, damit kein frommer Pilger die Sünde begehen konnte, fremden Frauen ins Gesicht zu schauen. Da wir nicht südöstlich in direkter Richtung auf unser Ziel losfuhren, sondern wegen einer Ladung Waren einen Umweg nach Norden machten, so bekam ich ein großes Stück der arabischen Küste zu sehen. Den übrigen Mitreisenden war diese Verzögerung gleichgültig, da man ja für die längere Fahrt keinen höheren Preis verlangte, und die Zeit hat für gläubige Moslems keinen Wert. Das englische Sprichwort »**time is money**« würden diese Leute gar nicht begreifen können.

Für gewöhnlich wagt es der arabische Schiffer nicht, weit hinaus aufs Meer zu fahren, sondern er segelt an der Küste entlang, um bei drohendem Sturme oder bei einbrechender Nacht in einem der zahlreichen Ankerplätze einzulaufen. In unserm Falle mußte aber das Entsetzliche unternommen werden; wir mußten nicht nur uns aufs offene Meer wagen, sondern uns auch gefaßt halten, zwei, vielleicht drei Nächte dort zuzubringen. Viele unserer Gefährten zitterten denn auch aus Furcht vor den Gefahren dieser nächtlichen Fahrt. Da wir Kosseir um 4 Uhr morgens verlassen hatten, und der Wind im ganzen günstig gewesen war, so befanden wir uns gegen Abend schon völlig auf offener See und hatten die Küste aus den Augen verloren. Nach dem Abendgebet ging unter den Pilgern und Matrosen eine allgemein auffallende Veränderung vor sich. Jeder schickte sich an, die Nacht auf dem offenen Meere mit Andacht und Feierlichkeit zuzubringen. Ans Schlafen dachte niemand, denn eine solche Nacht bedeutet für den Pilger eine große Heldentat. Es wurde geraucht, geplaudert, gebetet, erzählt, gegessen und Kaffee getrunken, alles gleichsam, als erwarte man den Untergang der Welt oder doch etwas ganz Außerordentliches. In dieser Nacht ereignete sich jedoch weiter nichts Besonderes, als daß wir eine Zeitlang ganz falsch steuerten und statt vorwärts zu kommen, uns wieder der ägyptischen Küste näherten, so daß wir am andern Morgen weiter von unserm Ziel entfernt waren als am Abend vorher. Der gute Schiffshauptmann hatte nämlich geschlafen, aber das Steuer doch in der Hand behalten und ihm in seinem Schlummer ohne Willen eine ganz falsche Richtung gegeben. Die Folge hiervon war, daß wir nun noch drei Tage und zwei Nächte auf offenem Meer zubringen mußten, während wir sonst einen Tag weniger gebraucht hätten. Wir mußten also noch zwei feierliche Nächte unter Wachen, Kaffeetrinken, Essen, Gebeten und frommen Erzählungen zubringen. Endlich, am vierten Tage nach unserer Abreise von Kosseir, erblickten wir die langersehnte arabische Küste. Alle Pilger brachen bei diesem Anblick in einen Freudenjubel aus; nicht nur die überstandene Gefahr, auch die Küste selbst, der heilige Strand des Gelobten Landes, erregte diese freudigen Gefühle. Mein würdiger Freund Schich Mustapha hielt sich denn auch verpflichtet, mir bei dieser Gelegenheit folgende Rede zu halten: »O Maghrebi, du siehst das Land vor dir, von dem aller Segen ausgegangen ist, wo der Prophet Gottes, Allah segne ihn, gewirkt und gewandelt hat, wo Sidna Adam und Sittna Hauwa (Eva), nachdem sie aus dem Paradiese vertrieben worden waren, sich auf dem Berge der Erkenntnis (Arafa) wiedergefunden haben, wo Sidna Brahim (Abraham) und Sidna Smaïl (Ismael) dem Herrn den Tempel der Kaaba erbauten. Dieses glückselige Land siehst du vor dir. Danke Gott dafür und lobe ihn, bete, gib Almosen und faste, o Maghrebi!«

Unsere Reise zog sich nun von Tag zu Tag an der arabischen Küste hin. Die ganze Uferstrecke ist mit unzähligen Korallenbänken beseht. Das macht die Schiffahrt bei stürmischem Wetter ja sehr gefährlich, aber die Schiffer haben überall aus Korallensteinen Türme aufgerichtet, womit sie die Ankerplätze bezeichnen. Am fünften Tage unserer Küstenfahrt, es mochte etwa 3 Uhr nachmittags sein, blieb die »Mutter des Friedens« plötzlich auf einer Korallenbank sitzen und zwar so fest, daß es schien, als wäre sie angenagelt. Man kann sich denken, welch ein Wirrwarr nun an unserm Bord entstand. Frauen heulten, Männer fluchten, alle liefen ratlos durcheinander, und der Schiffshauptmann verkroch sich in irgendeinem Winkel. Die Matrosen zitterten vor Angst, Kinder schrieen, der alte Schich Mustapha betete in größter Eile seinen Rosenkranz einmal über das andere ab, alles schien einem baldigen Untergang entgegenzusehen, und dies wäre auch sicher unser Schicksal gewesen, wäre das Meer, statt vollkommen ruhig, aufgeregt oder stürmisch gewesen. Dann hätten einige kräftige Wellenstöße genügt, um die »Mutter des Friedens« auf der Korallenbank in tausend Stücke zu zerschmettern, und die Hadschadsch (Pilger) wären wohl zum größten Teil ertrunken. Glücklicherweise war jedoch die See glatt wie ein Spiegel, und nachdem alles eine Zeitlang gewehklagt hatte, fiel es einem schnauzbärtigen Türken ein, daß man doch vielleicht etwas zu unserer Rettung tun müsse. Zwanzig Kerle, so riet er, müßten auf diese Korallenbank niedersteigen und das Schiff mit ihren Schultern fortstoßen. Da die Korallen nicht über Wasser bauen, so müßte man sich darauf gefaßt machen, bis an die Knie, ja stellenweise bis an die Schenkel Wasser zu haben, was manche abschreckte, während andere sich vor Abgründen, selbst vor vermeintlichen Seeungeheuern fürchteten. Endlich gelang es uns, den Schiffshauptmann aus seinem Versteck hervorzuholen und ihn zu bewegen, das Rettungswerk zu befehlen. Die Matrosen wollten zwar lange nicht daran, ins Wasser zu springen, weil sie behaupteten, die Korallenbank sei behext. In Wirklichkeit fürchteten sie sich aber vor den vielen feinen Zacken und Spitzen der Korallen, welche die Fußhaut schinden und zerreißen. Da ihnen jedoch die beiden Türken mit gutem Beispiel vorangingen, so sprangen sie endlich hinein, und nach etwa einer halben Stunde waren im ganzen über zwanzig Männer beschäftigt, das Schiff wieder flott zu machen, was denn auch endlich gelang. Aber dann war man wenigstens eine Stunde lang damit beschäftigt, die zahlreichen Fußwunden zu verbinden, welche sich unsere Erretter geholt hatten. Einer von den Türken war in einen Ritz zwischen zwei Korallenblöcke hineingeglitten und hatte sich nur mit einem völlig geschundenen Bein herausziehen können. Keiner war unverletzt aus dem Wasser herausgekommen, so daß man die Furcht der Matrosen vor der Korallenbank sehr wohl verstehen konnte. Am Abend dieses Tages veranstalteten unsere Matrosen eine Festlichkeit, um unsere glückliche Durchfahrt durch die Klippen der arabischen Küste zu feiern. Sie hatten zu Ehren eines Heiligen einen Ziegenbock geschlachtet, der halb gebraten verzehrt wurde und wovon man der ganzen Schiffsgesellschaft Stücke anbot. Aber nur den wenigsten glückte es, diese Speise genießen zu können; die meisten gaben die Versuche, sich an dem lederharten Fleisch dieses uralten Bockes die Zähne auszubeißen, bald auf und begnügten sich mit einer weniger frommen Speise.

In einem der Häfen besuchte ich mit Ali ein arabisches Kaffeehaus, welches von einem Beduinen gehalten wurde. Wir saßen kaum eine Viertelstunde dort, als ein Schlangengaukler eintrat und einige sehr gewagte Kunststücke mit einer Giftschlange ausführte. Was aber mein Erstaunen und meinen Ekel im höchsten Maße hervorrief, war dies, daß er zum Schluß die Schlange zu verzehren anfing und zwar auf eine höchst sonderbare und gefährliche Weise. Er begann nämlich mit dem Schwanze der noch lebenden Schlange, den er in den Mund nahm und zerbiß, und arbeitete sich nach und nach mit den Zähnen bis zum Kopfe hin, den er endlich auch verzehrte. Den oberen Teil der Schlange hielt er aber nicht etwa mit den Händen fest, wie man vielleicht denken möchte, sondern ließ ihn völlig frei um sich hängen, so daß das in den Schweif gebissene Tier sich in seiner Wut am Körper des Gauklers wand und herumschlang und diesem hundert blutige Wunden beibrachte, aus denen der rote Saft in Strömen auf den Boden floß. Da auf diese Bisse keine Geschwulst folgte, so schloß ich, daß die giftigen Speicheldrüsen dieser

Schlange zerstört sein mußten. Die Zuschauer aber glaubten natürlich alle an ein Wunder, das irgendein Heiliger an diesem Gaukler bewirke.

Am Abend des 10. Du el Kada legten wir bei El Imbu, der Hafenstadt von Medina, der Grabstätte des großen Propheten, vor Anker. Da jedoch meine ganze Reisegesellschaft beschlossen hatte, erst auf der Rückreise zu diesem Orte zu pilgern, so faßte ich denselben Plan. Warum er leider nicht zur Ausführung kommen konnte, das werde ich späterhin noch erzählen.

Es ist übrigens ein Irrtum, wenn man glaubt, daß zu einer vollkommenen Pilgerfahrt auch eine Wallfahrt nach Medina durchaus nötig sei. Am den Titel eines Hadsch (Pilger) zu erwerben, sind vielmehr nur folgende fünf Dinge nötig:

1. Die fromme Absicht und die Gebete, welche diese Absicht bezeugen;
2. die Anwesenheit auf dem Berge Arafa am neunten Tage des Monats Du el Hödscha;
3. das Anlegen des Ihrams, das heißt der Pilgertracht, und das Abrasieren des Haupthaares;
4. die sieben Umgänge um das Haus Gottes, nämlich die Kaaba, den sogenannten Tempel Abrahams, der in der Mitte des Hofraums der großen Moschee von Mekka gelegen ist;
5. der Gang zwischen den beiden Hügeln Ssafa und Marua.

Wenn nun jemand diese fünf Bedingungen nicht erfüllen kann, so darf er sich doch den Ehrennamen eines Hadsch zulegen, wenn er nur die zweite, die wichtigste von allen, erfüllt, wenn er am neunten Du el Hödscha sich auf Arafa befindet. Arafa allein macht den Pilger, so hörte ich täglich sagen. Von jeder andern Bedingung kann man sich durch das Opfern eines Schafes loskaufen, nur nicht von der Anwesenheit auf Arafa am neunten Du el Hödscha. An jedem andern Tage bedeutet aber auch die Anwesenheit auf Arafa nichts, gar nichts. Nur an diesem Tage ist er ein heiliger Berg.

In El Imbu kaufte ich mir einen kleinen tragbaren Herd zum Kochen, wie sie eigens für die Pilger angefertigt werden. Mit seiner Hilfe konnte ich mir späterhin immer Kaffee oder Tee heiß machen und verhütete so manche Erkältung, die ich mir sonst in dem schauderhaft ungesunden Pilgergewande zugezogen hätte.

Das Kaffeehaus, in welches ich eintrat, war wie alle andern von rohen Palmstämmen erbaut und besaß nur einen einzigen niedrigen Saal, in welchem auf niedrigen Bänken von Palmholz etwa vierzig Personen aus den verschiedensten Ländern beisammensaßen. Unter den hier anwesenden Pilgern waren Ägypter mit ihren beiden ziemlich anliegenden Kaftans, Araber mit würdevollen weiten Gewändern und Perser mit großen, zuckerhutförmigen Hüten von Schaffell und stattlichen, pechrabenschwarzen Bärten. Auch einige Neger zeigten hier in dem bunten Gemisch ihre schwarzen Gesichter und blendend weißen Zähne.

Nachdem ich im Kaffeehause nicht ohne Mühe Platz gefunden hatte (mein Neger ließ sich ganz einfach auf dem Fußboden nieder und glich in dieser Stellung ganz einem aufwartenden Hunde), kam der Kawadschi auf uns zu und fragte, ob er uns zwei Tassen bringen solle. Ich wollte aber einmal ein anderes Getränk probieren, nämlich den Kischer, das ist die Aufkochung nicht von den Bohnen, sondern von den Kaffeeschalen oder Hülsen, der in der Gegend, wo der berühmte Mokkakaffee wächst, fast ausschließlich getrunken und der Bohnenaufkochung, die für zu hitzig gilt, bei weitem vorgezogen werden soll. Im Hedschas, dem Küstengebiete Arabiens, wo der Kaffeebaum nicht gedeiht, kann man die Hüllen aber nicht frisch, sondern nur trocken haben. So stellte sich denn heraus, daß der Kischer, den mir unser Kawadschi brachte, zwar ein wenig vom Kaffeeduft an sich hatte, aber doch recht fade schmeckte. Darum kehrte ich bald wieder zum wirklichen Kaffee zurück und schlürfte für Chamsa fatha die Tasse (fünf Para, nicht einmal drei Pfennige) einige Fenadschel (Täßchen) hinab.

Nachdem wir uns dem Kaffeetrinken nach Herzenslust hingegeben hatten, verrichteten wir in einem kleinen Gewölbe, in dem mit grünen Vorhängen das Bett eines Heiligen stand, der selbst wohl unter dem Bett begraben sein mochte, unser Mittaggebet. Jeder Muselmann muß täglich fünfmal sein Gebet hersagen, zu Sonnenaufgang, Mittag, Nachmittag, Sonnenuntergang und Abend. Dann gibt es noch zwei nicht so wichtige Gebete, das allerfrüheste Morgengebet und das allerletzte Abendgebet. Während nun die Türken dabei acht, fünf, zehn, sechs und am Abend wieder zehn Rikat hersagen müssen, brauchen die Art Mohammedaner, zu denen sich die Maghrebi zählen, glücklicherweise nur zwei, vier, vier, drei und dann wieder vier Rikat herzusagen. – Aber was ist denn ein Rikat? Nun, ein vollständiges Gebet besteht immer aus mehreren Rikat, und ein Rikat besteht wieder aus zwölf oder dreizehn Teilen, die folgendermaßen beschrieben werden können:

1. Der Rikat beginnt jedesmal mit den Worten, welche der Mueddin von der Spitze des Minaretts verkündet. Diese lauten: *Allahu, akbar* (Gott ist groß). *Esch schähdu la illaha ill Allah* (Ich bezeuge, daß nur Gott der Herr ist). *Esch schähdu inna Mohamed rasullah* (Ich bezeuge, daß Mohammed der Prophet Gottes ist). *Haija ala salats, Haija ala fälla* (Kommt her zu dem Gebet, her zu der frommen Handlung). *Allahu akbar* (Gott ist groß). *La illaha ill Allah* (Nur der Herr ist Gott). Jeder dieser einzelnen Sätze wird zweimal wiederholt. Dieses Gebet wird stehend gebetet, während man die Hände zu beiden Seiten des Hauptes in der Richtung der Ohren offen entfaltet ausstreckt.
2. Dann nimmt der Beter eine leichtgebückte Stellung ein, in der er mehrere Male die Worte wiederholt: *Asmu Allah Hamida* (Gelobt sei Gottes Namen).
3. Darauf nimmt der Betende eine noch gebücktere Stellung ein und sagt nochmals die Worte: *Sebbaliah el Adim* (Gelobt sei Gott der Heilige).
4. Darauf richtet man sich wieder gerade empor und sagt die Worte: *Allahu akbar* (Gott ist groß).
5. Hierauf wird das erste Kapitel des Korans hergesagt, in kniender Stellung, wobei man die Hände, mit der flachen Seite nach oben, in der Höhe der Brust gerade vor sich hin hält.
6. Dann folgen, in gebückter Stellung, neue Anrufe Gottes.
7. Hierauf sagt man stehend ein Kapitel des Korans her, welches man will. Die Gelehrten, welche den ganzen Koran auswendig wissen, sagen gewöhnlich ein längeres her, um ihre Gelehrsamkeit selbst im Gebet zur Schau zu tragen; die Unwissenden begnügen sich mit einem leichteren Kapitel: wie der Sure des Morgenrotes, der Sure des Volkes, der Sure des Bekenntnisses, der Sure der Ungläubigen und anderen, welche alle sehr kurz und bald gelernt sind.
8. Darauf wird auf dem Angesicht gebetet. Dabei muß man so auf dem Boden liegen, daß man wenigstens mit sieben Teilen des Körpers die Erde berührt, nämlich mit der Stirn, dem Kinn, der Brust, den beiden Knien und den beiden Fußspitzen. Dabei sagt man Lobsprüche her.
9. Dann folgt in kniender Stellung die erste Andacht.
10. Die zweite Anrufung auf dem Angesicht.
11. Die zweite Andacht im Knien.
12. Man richtet sich wieder auf und sagt: Allahu akbar (Gott ist groß).
13. Zuletzt wiederholt man noch einmal das Bekenntnis, daß es nur einen Gott gebe und Mohammed sein Prophet sei.

Endlich ist der Rikat vollendet, der, wie man sieht, nicht so einfach ist. Auch hatte ich große Mühe, ihn zu lernen, und da ich mich nicht traute, zu fragen, woran man doch meinen Unglauben erkannt haben würde, so betete ich immer so leise, daß niemand meine Fehler bemerken möchte. – Ist der erste Rikat beendet, so schreitet man unverzüglich zum zweiten, der eine genaue Wiederholung des ersten ist, mit der einzigen Ausnahme, daß man bei der zu wählenden Sure eine andere nimmt, und zu dem dritten und vierten Rikat, bei denen die zu wählende Sure ganz wegfällt.

Damit man nun auch noch sehe, wie denn der Koran beschaffen ist, so will ich ein Kapitel, nämlich die Sure des Erdbebens, die stets meine Lieblingssure war, hierhersetzen. Sie lautet:

»Wenn die Erde dereinst mit einem mächtigen Zittern erbeben wird; wenn aus dem Innern der Erde alles hervorgehen wird, was die Jahrhunderte darinnen niedergelegt haben; dann wird der Mensch fragen: was hat die Erde befallen? An jenem Tage, dem Jüngsten Tage, wird die Erde ihre Geschichte erzählen, wie sie ihr Gott, dein Herr, geoffenbart hat. Am Jüngsten Tage da werden die Menschen unstät umherirren; da werden sie suchen, die Tafel zu sehen, auf der ihre Taten verzeichnet sind. Und wer des Guten nur so viel getan hat, wie ein Gerstenkorn groß ist, der wird es dort aufgezeichnet sehen; und wer des Bösen nur so viel getan hat, wie ein Gerstenkorn groß ist, der wird es dort aufgezeichnet sehen.«

Aber das wichtigste Kapitel ist das erste, das wahre Paternoster des Islam, das von den Moslems vielleicht noch öfter wiederholt wird, als das Vaterunser bei den eifrigsten christlichen Betern. Keinen Muselmann gibt es, sei er sonst auch noch so unwissend, der dies Kapitel nicht auswendig wüßte. Die Kinder in der Schule lernen dies Kapitel natürlich zuerst; aber wenn die kleinen Araber dies gelernt haben, gehen sie nicht etwa zum zweiten über, sondern sie fangen den Koran von hinten an (was wir der Schreibart wegen von vorn nennen würden) und erlernen nach dem ersten das letzte, dann das vorletzte und so fort, bis sie erst ganz zum Schluß ihrer Lernzeit beim zweiten ankommen, und das nur darum, weil die letzten Kapitel alle klein und leicht zu lernen sind, so daß sie auf diese Weise viel mehr Gebete im Kopfe haben, als wenn sie den Koran von vorn anfingen auswendig zu lernen.

Ehe wir von El Imbu Abschied nehmen, muß ich noch des Wichtigsten gedenken, das eine arabische Stadt besitzt und ihr erst wahrhaft Leben verleiht – des Trinkwassers. El Imbu besitzt wohl einige schlechte Ziehbrunnen, aber deren Wasser schmeckt außerordentlich brackisch, das heißt sehr stark nach Meerwasser. Vor dem Bab El Medina (Tor nach Medina) liegen einige Zisternen, die aber nur dann Wasser enthalten, wenn der Winter, was nicht immer geschieht, Regen gebracht hat. Dennoch sieht man täglich in der Stadt Leute mit Schläuchen herumgehen, worin das schönste Trinkwasser enthalten ist, von dem man sich für einen Spottpreis einen großen Krug füllen lassen kann. Dieses Wasser wurde, wie man mir erzählte, eine Wegstunde weit aus dem Innern des Landes geholt.

Nachdem wir noch ein Stündchen das bunte Gewimmel betrachtet hatten, suchten wir im Hafen unser Schiff wieder auf, wo wir die guten Ägypter höchst erstaunt über unsere lange Abwesenheit fanden. Da jedoch die Zeit des Gebets herangekommen war, so entzog ich mich allen unnützen Fragen durch eine lange Andacht, die ich mit großer Natürlichkeit und Umständlichkeit vornahm. Den Abend verbrachten wir unter Gesprächen, bei denen es der fromme Schich Mustapha nicht an langweiligen Predigten fehlen ließ; dann legten wir uns sämtlich auf der »Mutter des Friedens« schlafen.

Am zwölften Tage des zweiten Pilgermonats des Jahres 1276, das heißt am 2. Juni 1860, verließen wir El Imbu, um unsere Reise längs der Küste gen Dschedda fortzusetzen. Die ganze Gesellschaft war von einem frohen Mute beseelt, denn in einigen Tagen schon sollten wir ja das heilige Pilgergewand, den Ihram, anlegen, und mit dem hat sich, wie ein arabisches Sprichwort sagt, noch niemand bekleidet, der nicht Mekka und Arafa zu sehen bekam. Das ist natürlich wieder ein Aberglaube, da es nicht selten vorkommt, daß Pilger zwischen Rabörh, wo man den Ihram anlegt, und Mekka sterben.

Nachmittags kamen wir an der Grabstätte eines Heiligen vorbei, und nun nahm die »Mutter des Friedens« wieder ein festliches Aussehen an. Die frommen Matrosen reichten Kaffee herum, rauchten ihre ägyptischen Wasserpfeifen und erzählten fromme Geschichten von der Wunderkraft dieses Heiligen. Da aus all diesen Märchen hervorging, daß der Heilige auch nach seinem Tode noch die schlimmsten Krankheiten heilen könne, so schlug ich unserm Schiffshauptmann, der, wie ich schon erzählte, mit der Krätze behaftet war, vor, er solle doch diesen Heiligen anrufen, der ihn ohne Zweifel von seinem ekelhaften Übel befreien würde. Aber obgleich meine Freunde diesen Vorschlag vortrefflich fanden und mich nicht wenig wegen meiner Frömmigkeit priesen, so war doch der Schiffshauptmann nicht dazu zu bringen, meinem Rate zu folgen. Er schien sich offenbar ganz wohl mit seinem Hautleiden zu befinden und hielt es gewiß für ein Unrecht, wegen solcher Kleinigkeit die Hilfe eines Heiligen anzurufen. Überhaupt ist es nicht Sitte, von Heiligen etwas zu verlangen, was bestimmt bezeichnet werden kann. Man verlangt nur solche Dinge, die man nachher immer so oder so deuten kann, bei denen sich aus schwarz weiß machen läßt, so daß dann der Heilige immer recht behalten muß.

Der 16. Du el Kada sollte für uns Pilger ein wichtiger Tag werden, denn an ihm sollten wir Rabörh erreichen, wo die von Ägypten kommenden Hadschadsch das heilige Gewand, den Ihram, anlegen müssen. Dieser Hafenort, der nur aus etlichen fünfundzwanzig ärmlichen, teils aus Korallensteinen, teils aus Luftziegeln erbauten Häusern besteht, an die sich einige dreißig Zelte anreihen, in denen der Markt abgehalten wird, besitzt, obgleich sich hier die vielen, vielen Pilger doch baden und rasieren lassen müssen, gar kein Bad und nur drei Barbierzelte, welche Tag und Nacht von mehreren hundert Pilgern umlagert werden, die sich oft um den Vorrang zanken, schelten und prügeln. Nicht ohne große Mühe gelangte ich zum Eingang eines dieser Barbierzelte, das jedoch so mit Menschen angefüllt war, daß ich lieber wieder zum Schiffe zurückkehrte und mich von einem unserer Matrosen, welche alle dieses Handwerk gelernt hatten, rasieren ließ. Dann mußten noch die Nägel an Händen und Füßen sorgfältig beschnitten werden, und ich war zum Reinigungsbad bereit. Als Bad diente hier in Ermangelung eines gemauerten Baderaumes das schöne, große, offene Meer, in das die Pilger vor Anlegung des Ihrams untertauchen, was ich denn auch tun mußte. Unsere ganze Reisegesellschaft tat desgleichen, ebenso einige zweihundert Pilger, welche in vier andern Schiffen angekommen waren. Es war ein seltsamer Anblick, alle diese braunen, meist mageren, knochigen Gestalten ins Meer springen zu sehen. Eine Abkühlung gewährte das Bad nicht; überhaupt hatte die Hitze derartig zugenommen – Nabörh liegt am Wendekreis – daß die 37°R, die vor fünfzig Jahren der Reisende Burckhardt in Arabien beobachtet hat und die Alexander von Humboldt als die höchste Temperatur bezeichnet, die jemals mit zuverlässigen Instrumenten im Schatten beobachtet worden ist, wohl erreicht wurden. Was ich von dieser Hitze litt, kann ich nicht beschreiben. Zum Glück war ich bis jetzt gesund geblieben. Nun aber drohte mir eine ernste Gefahr. Diese bestand darin, daß ich nun gezwungen werden sollte, das Haupt völlig entblößt zu tragen, in diesem Lande, welches sprichwörtlich das Land des Sonnenstiches heißt. Nichts darf der Pilger auf dem Haupte tragen, nicht einmal das dünnste Tuch; Schirme zu tragen, ist keine Mode; das einzige, was man ihm erlaubt, ist, die Hände auf dem Kopf zu halten, was natürlich nicht viel hilft, da ja der Kopf gänzlich kahl rasiert worden ist. Sicher hat Mohammed diese und die übrigen Vorschriften über die Pilgertracht gar nicht so strenge gemeint; vielleicht wollte er nur sagen, daß der Pilger in einem bescheidenen Gewande vor Gott an seiner heiligen Kaaba erscheinen sollte, so einfach, wie sich die Armen derzeit alle trugen, und die kannten keine Kopfbedeckung und hüllten sich in zwei Tücher, wie die Pilger sie jetzt noch tragen müssen. Nicht Mohammed, erst seine Jünger, die den Glauben an Mohammed verlangten, gaben so strenge Vorschriften. Es ist sicher, daß Mohammed niemals daran dachte, daß seine Religion sich so weit verbreiten könne, wie es wirklich geschehen ist; nennt er doch die Pilgerfahrt eine ganz leichte Handlung, die man bequem jedes Jahr einmal unternehmen könne. Hätte Mohammed im Geiste die Türken und Tartaren und Nordperser gesehen, die in der ungewohnten Hitze Arabiens in der ungesunden Pilgertracht Unsägliches leiden, er würde, bei seiner sonstigen großen Milde, die ganze Bestimmung des Ihram überhaupt aufgegeben haben. Aber seine strenggläubigen Anhänger nehmen natürlich nicht an, daß Mohammed etwas nicht gewußt oder vorbedacht habe. Und weil ihnen die Sitte des Ihram als unumstößliches Gesetz gilt, so müssen denn jährlich eine Menge armer Pilger dadurch der Krankheit, ja dem Tode verfallen, daß sie sich in halbnacktem Zustande und mit bloßem Kopfe einer Sonne aussetzen, die sie selbst in guter Kleidung und unter Sonnenschirmen kaum ertragen können. Der Ihram selbst besteht nur aus zwei viereckigen Tüchern aus weißer, oft rotgestreifter Baumwolle, die man sich, eins um die Lenden, eins um die linke Schulter und den Rücken schlingt; der rechte Arm bleibt völlig frei. An den Füßen darf man bei dieser Tracht nur hölzerne Sandalen tragen, die jedoch bei jeder Gelegenheit, wie beim Gebet, beim Eintritt in eine Moschee oder in Häuser wieder ausgezogen werden müssen.

So stand ich mit den zwei rötlich-weißen Tüchern behängt, mit völlig kahlem Scheitel und mit nackten Füßen inmitten einiger zweihundert anderen Pilger, welche alle, wie ich, soeben den Ihram angelegt hatten. Jetzt erhoben alle diese Pilger ihre Stimme, zum erstenmal auf unserer Fahrt brach aus all diesen Kehlen laut und donnernd der Pilgerruf »Labik« hervor.

Ein mitreisender Schriftgelehrter hatte es unternommen, uns bei unserem Auftauchen aus dem Meer und bei der Anlegung der Pilgertracht als Prediger zu empfangen. Aber der ganze Sinn seiner Predigt drehte sich nur um dieses heilige Wort »Labik«, das er uns jedoch nicht erklärte, sondern uns nur zu rechtem Gebrauch ans Herz legte. Und alle aus dem Wasser auftauchenden Menschen schrieen »Labik«. »Labik«, so tönte es am ganzen Strande des Meeres bei Rabörh. »Labik«, so riefen hundert und hundert Kehlen, »Labik«, so tönte es überall im Echo zurück. Es war, als gäbe es kein anderes Wort mehr in der Sprache als dieses, das die Pilger zum erstenmal rufen, wenn sie den Ihram anlegen, und das sie jeden Tag mit neuem Eifer wieder und wieder ausstoßen, bis sie endlich, am Ziel ihrer Wünsche, auf Arafa, den heiligen Ruf am lautesten und wildesten ertönen lassen. – Was dieses Wort »Labik« eigentlich bedeutet, das wissen die wenigsten Araber; das wollen sie aber auch gar nicht wissen; ja, wenn man sich nach dem Sinn dieses heiligen Wortes erkundigt, so wird einem gewöhnlich mit einem Achselzucken geantwortet und gesagt: »O Pilger, du bist sehr neugierig!« So konnte ich denn den Sinn des Wortes erst erfahren, als ich, in Europa angekommen, in einem arabischen Wörterbuche nachschlagen konnte. Danach bedeutet das Wort »Labik« etwa dies: »In Dir bin ich aus tödlicher Not geflüchtet und folge Dir.« So drückt dieser Ruf die ganze Sehnsucht eines elenden Sterblichen nach Gott aus und den heißen Wunsch, aus dem irdischen Unglück einmal zum reinen Glück des Himmels aufsteigen zu können – gewiß ein so schöner Sinn, wie man ihn sonst in der mohammedanischen Religion nicht leicht wiederfindet. Nachdem wir uns durch vieles Labikrufen fast heiser geschrieen hatten, waren noch eine Menge Gebete zu verrichten; ja, der ganze erste Abend verging unter frommen Gesprächen, Gebeten und dem Anhören von Predigten, womit uns Schick Mustapha und einige Schriftgelehrte beglückten. Als ich am andern Morgen erwachte und alle diese halbnackten Gestalten erblickte, da glaubte ich anfangs, in einem Tollhause zu sein, so ungewöhnlich und lächerlich saß den Pilgern die neue Gewandung. Wie gefährlich aber die Entblößung des Kopfes unter diesen sengenden Sonnenstrahlen ist, das sollte ich noch an demselben Morgen an einem schrecklichen Beispiel erleben. Einer unserer jüngeren Mitreisenden wurde nämlich von entsetzlichem Kopfweh und Fieber befallen, das in wenigen Stunden so zunahm, daß er in völligen Wahnsinn verfiel, bewußtlos wurde und endlich des Abends starb. Sein Vater tröstete sich, wie ein echter Mohammedaner, indem er auf alle Beileidsbezeugungen immer wieder antwortete: »Sein Leben war kurz berechnet!« Da für Leute, welche glauben, daß alles, was wir tun und was uns geschieht, vorausberechnet ist, und daß es gar keine Möglichkeit gibt, aus diesen von Gott bestimmten Bahnen herauszukommen, da für diese Leute der Verlust eines Menschenlebens eine erbärmliche Kleinigkeit ist, so wurde unsere Reise durch diesen Todesfall in keiner Weise aufgehalten; der Tote wurde vielmehr nachts in aller Eile und ohne jede Feierlichkeit am Lande eingescharrt. – Am folgenden Tag war die Hitze besonders unerträglich. Glücklicherweise konnte ich mein geschorenes und entblößtes Haupt unter einem kleinen Verdeck auf dem Hinterteil des Schiffes, das man die Kajüte nannte, vor den brennenden Sonnenstrahlen verbergen. Die meisten Reisenden mußten sich jedoch in dem offenen Schiffsraum schutzlos den gefährlichen Sonnenstrahlen aussetzen, und ich wundere mich wirklich, daß sie nicht alle den Sonnenstich davontrugen. Wir konnten von Glück sagen, daß nur fünf oder sechs auf der sechstägigen Reise von Raörh nach Dschedda sich die Bakla (Sonnenstich) holten und auch glücklich in die andere Welt befördert wurden. Aber, wie gesagt, »ihr Leben war nur kurz berechnet«, das von einigen Jünglingen sogar nur sehr kurz, und niemandem fiel es ein, sich über diese Berechnung Allahs zu grämen.

In Obhor, wo wir ein paar Tage später eintrafen, fanden wir den schönsten Ankerplatz, den wir noch auf dieser Fahrt gehabt hatten. Die Einfahrt zu diesem flußartigen Meeresarm ist zwar eng, aber ungefährlich, da sich zu beiden Seiten von Arabern errichtete Korallentürmchen befinden, die den Weg genau angeben. Aber keine Stadt, kein Dorf fand sich vor, nur einzelne Beduinen hausten daselbst in schmutzigen, zerfetzten Zelten und hielten für die Pilger einen Markt ab. Diese Beduinen waren ein ganz unausstehlich rohes, aber natürlich auch strenggläubiges Volk, die zum Beispiel einen armen buckligen Pilger grausam verhöhnten, indem sie seinen Buckel, der sich nicht unter dem Ihram verbergen ließ, mit Pech anstrichen und Nesseln darauf klebten, außerdem sich eine Menge anderer Scherze mit den armen Hadschadsch erlaubten. Die unglücklichen Pilger müssen ja alles geduldig hinnehmen und dürfen, wenigstens solange sie der Ihram bekleidet, sich keinerlei Gegenwehr erlauben. Ebenso darf er kein Tier töten, nicht einmal das ekelhafteste Insekt, was einen besonders rohen Beduinen von Obhor zu dem unanständigen Scherze bewog, einen armen Hadschadsch mit einem ganzen Heere von Läusen, die er in einer Tüte gesammelt hatte, zu überschütten, mit welchen scheußlichen Tierchen dieser schwergeplagte Pilger nun noch bis Dschedda und Mekka wallfahrten mußte, ohne auch nur im geringsten sich Erleichterung verschaffen zu können, denn man darf die Läuse nicht einmal mit der Hand abstreifen, aus Furcht, man könnte sie verletzen.

Der nächste Tag mit seiner wolkenlosen Glut brachte wieder einigen armen Hadschadsch den Sonnenstich. Überhaupt befanden sich die meisten Pilger in einem höchst leidenden Zustande. Litten sie nicht unter den brennenden Sonnenstrahlen, so doch unter der massenhaften Verbreitung des Ungeziefers, namentlich der Läuse, welche von dem in Obhor mit Läusen überschütteten Pilger ausging. Der Körper dieses unglücklichen Hadsch war unglücklicherweise auch noch sehr behaart, so daß die ekelhaften Insekten in diesem Haar einen besonders festen Halt gewannen. Alles Schütteln, das einzige, was der von Ungeziefer geplagte Pilger tun durfte, half nur dazu, die Nachbarn anzustecken; so daß die Nähe dieses Mannes bald wie die Pest gemieden wurde. Dennoch mußte er Nachbarn, und zwar sehr dichte Nachbarn haben, da das Schiff mit Menschen wie vollgestopft war. Die »Mutter des Friedens« hatte nämlich an der ganzen arabischen Küste fast überall Passagiere aufgenommen, so daß unsere Zahl auf nahezu hundertundfünfzig angewachsen war, und da die »Mutter des Friedens« nur für einige sechzig Platz hatte, so folgte daraus eine wahre Heringsverpackung der armen Hadschadsch, welche durcheinander, aneinander, übereinander und untereinander lagen, und daß diese bei einer Hitze von 30°R aneinandergequetschten Hadschadsch ganz furchtbar ausdünsteten, wird jeder meiner arggeplagten Nase glauben. – Aber nicht allein von der Hitze hatten die armen Pilger zu leiden, nein, auch, so sonderbar es auch klingen mag, von Erkältungen, die diese Menschen sich zugezogen hatten, weil sie ganz plötzlich ihre gewohnte Kleidung gegen ein paar dürftige Umschlagetücher vertauscht hatten, die besonders die Magengegend freiließen. So kam es denn auch, daß wir nicht wenige an Durchfall und ähnlichen Krankheilen Leidende an Bord der »Mutter des Friedens« hatten, deren Zustand höchst ekelhaft war und zu den Greueln dieser Pilgerfahrt nicht wenig beitrug.

Schon um 5 Uhr setzte sich das Schiff am andern Morgen langsam und gemessen in Bewegung. Das heutige Ziel unserer Reise sollte Dschedda sein, Dschedda, der Hafenort Mekkas, wo unsere Schiffsreise ein Ende finden sollte. Diese frohe Hoffnung hielt uns den ganzen Tag aufrecht, so daß wir unsern schlechten körperlichen Zustand nicht so drückend empfanden. – Gegen Mittag endlich sahen wir eine ziemlich ansehnliche Häusermasse aus dem Meer auftauchen. Kuppeln erhoben sich, Minaretts ragten in die Höhe, die Masten von Segelschiffen, ja, sogar hier und da das Rohr eines Dampfschiffes; es war der langersehnte Hafen, Dschedda, das Tor, welches uns Mekka erschließen sollte. Alle Pilger gerieten in eine große, freudige Aufregung, ihr Antlitz strahlte, ihre Augen glühten vor Begeisterung. Da lag die Stadt der Elternmutter des Menschengeschlechts, in der sich auch ihr Grab befindet (Dschedda heißt die Großmutter), da lag Dschedda, schon durch dies Grab heilig, aber unendlich viel heiliger dadurch, daß von hier der Weg nach Mekka hinaufsteigt. Mein ehrwürdiger Freund Schich Mustapha konnte es denn auch nicht lassen, bei diesem Anblick folgende Predigt an mich zu richten: »O Maghrebi, da bist du nun im Angesicht der Elternmutter des Menschengeschlechts angelangt. Rufe: Sei gegrüßt, Mutter Eva, sei gegrüßt! Dort liegt sie, ohne die du gar nicht vorhanden wärst. Lobe Gott, daß Allah sie geschaffen hat; aus einer Rippe hat er sie geschaffen, o Maghrebi, aus einer Rippe von Sidna Adam, dem Vater des Menschengeschlechts!«

So predigte Schich Mustapha ungefähr noch eine Stunde fort, während die »Mutter des Friedens« zwischen den Korallenbänken und -klippen sich mühsam einen Weg suchte und endlich gerade zur Zeit des Mittagsgebets in Dschedda anlangte. Ein lautdonnerndes Labik war der Gruß der Hadschadsch an dieses langersehnte Reiseziel, welches wir nun endlich erreicht hatten. 3.

Kapitel 3. Dschedda

Dschedda heißt also die Elternmutter, und hier soll Sittna Hauwa (Eva) die Ur- und Stammutter der sündigen Menschheit ihre letzte Lebenszeit zugebracht und ihr Grab gefunden haben. In Mekka errichtete Adam einen Altar, auf dem nahegelegenen Berge Arafa fand er seine Ehehälfte nach hundertzwanzigjähriger Trennung wieder vor; in Dschedda endlich starb Eva, nachdem sie vorher die sieben Umgänge um das heilige Haus in Mekka gemacht und den Monat Ramadan gefastet hatte. Adam ist dann freilich ausgewandert und im fernen Ceylon verstorben.

Dschedda gehört zu den wenigen muselmännischen Städten, die nicht wie die übrigen gänzlich verfallen und verkommen, sondern die sich ihren Wohlstand noch einigermaßen erhalten haben. Vom Schiff aus bot sich mir ein erfreuliches Bild dar, zu dem die unermeßliche Wüste den Rahmen bildete. Die Stadt liegt auf einer sanften Anhöhe, wird am Ufer von zwei langen Hafenmauern, auf den andern Seiten von hohen Festungsmauern begrenzt, von denen hier und da Wachttürme mit Zinnen und Kanonen emporragen. Darin liegen eine lange Reihe schöner weißlicher Häuser aus Korallenstein erbaut, über welche die beiden Hauptmoscheen mit luftigen Kuppeln und schlanken Minaretts emporsteigen. – Als wir jetzt der »Mutter des Friedens« nicht ohne Rührung und ihrem hautkranken Kapitän nicht ohne Mitleid Lebewohl sagten und uns auf kleinen Kähnen mit unsern Habseligkeiten ans Land rudern ließen, und als wir nun endlich an einer der beiden Hafenmauern landeten, da war meine Freude groß, in einer Stadt zu sein, die durch ihren Wohlstand und ihren Verkehr doch ein klein wenig an Europa erinnerte.

Doch ehe ich von der Stadt selbst berichte, muß ich von dem Empfange erzählen, der uns armen von jedermann geplünderten und geschundenen Pilgern hier am Zollhause bereitet ward. Gerade als ob die unglücklichen Hadschadsch nicht genug zu leiden hätten von Gestank, Ungeziefer, Fieber, Sonnenstich, Erkältungen, Erhitzungen, Durchfall und wie die Greuel sonst noch heißen, so hatte die türkische Regierung auch noch dafür gesorgt, daß sie hier die widerlichsten Zollplackereien durchmachen mußten. Kaum gelandet, wurden wir armen Ihramträger, von denen jeder unter der Last seines Gepäckes keuchte und schwitzte, von einer Bande von unausstehlichen, frechen und gemeinen türkischen Polizisten und Zollhaussoldaten in Empfang genommen. Man hatte mich schon auf dem Schiffe vor den Spitzbübereien dieser Polizeidiener und Zollbeamten gewarnt. Da der Pilger sein Geld in seinem Gepäck und nicht an seinem Körper mit sich führt, indem der Ihram keine Tasche besitzt und eine Geldtasche nicht getragen werden darf, so sehen die verruchten Zollwächter gleich, wieviel Geld ein jeder bei sich führt, und wenn es ihnen nicht immer gelingt, einen Diebstahl auszuführen, so können sie doch ihre Ansprüche auf Bakschisch (Trinkgeld) ganz danach einrichten, ob der Pilger viel oder wenig Geld hat. Die gewöhnliche Ausrede der Pilger, sie hätten sich das Geld nur geliehen, wird von den Zollbeamten stets mit einem Heidengelächter aufgenommen; einen fauleren Fisch als diese Ausrede gibt es hier gar nicht, und der Pilger kann gar nicht anders, er muß das Trinkgeld geben oder sein Gepäck so lange in ihren Händen lassen, bis es ihm gelingt, in der Stadt einen reichen Freund zu finden, der ihn aus den Klauen der Zollwächter befreit. –

Zuerst kam nun ein feister türkischer Unteroffizier auf mich los und forderte, mich, um mich einzuschüchtern, in sehr barschem Tone, auf, meine Papiere vorzuzeigen. Mein Paß war in schönster Ordnung, und ich glaubte, ihn nur vorzeigen zu brauchen, um gleich meiner Wege gehen zu können. Sowie der Türke aber meinen französisch geschriebenen Paß erblickte, verbeugte er sich recht höhnisch vor mir und erklärte mir, den müsse erst der in der Stadt wohnende französische Konsul unterschreiben. Als ich nun aber mit Sack und Pack und in Begleitung eines Polizeibeamten den Landungsplatz verlassen wollte, um erst den französischen Konsul aufzusuchen, da kam uns ein Zollhausbeamter in den Weg, der mir all mein Gepäck wegnahm und behauptete, dies dürfe ich unmöglich mitnehmen. Was also jetzt tun? Das Gepäck konnte ich nicht am Zollhaus zurücklassen, wenn ich nicht für den Rest der Reise mittellos dastehen wollte; denn die Polizei- und Zollhausbeamten hätten sich ohne Zweifel mein Geld und meine Habseligkeiten geteilt, und keine Macht der Erde hätte mir sie wieder zurückgeschafft. Als ich die Zollhausbeamten ersuchte, erst ihre Untersuchungen vorzunehmen, antworteten sie höhnisch: Erst rechtfertige dich vor der Polizei! So sah ich denn bald ein, daß die beiden Parteien das Spiel abgekartet hatten und nur ein möglichst hohes Trinkgeld aus mir herauspressen wollten. Ich ging also, vom Zollbeamten begleitet, zum Unteroffizier zurück und begann wohl oder übel mit ihm über ein Trinkgeld zu verhandeln. Die Ansprüche dieses Würdenträgers waren anfangs jedoch so lächerlich, daß ich zweifelte, je mit ihm einig werden zu können. Nach vielem Hin- und Herreden jedoch, nach vielem Handeln und Feilschen kamen wir endlich darin überein, daß er sich mit der Summe von hundert Piastern (damals ungefähr achtzehn Mark) zufriedenzustellen habe. Die andern Pilger hatten dagegen alle nur höchstens zwanzig Piaster per Kopf bezahlt.

Dies war jedoch nur das Vorspiel. Jetzt kam das Zollhaus, wo die Haupthandlung vor sich gehen sollte. Einige zehn Zollbeamte fielen gierig über meinen Koffer (der zum Glück nur eine rotbemalte Bretterkiste vorstellte) und meine drei oder vier Bündel her, in denen Kleider und Waren eingewickelt waren. Der Koffer war im Nu ausgepackt, und meine sämtlichen Sachen lagen zerstreut auf dem Fußboden herum. Aber damit nicht genug, diese barbarischen Zollhäusler hatten noch eine andere Quälerei für die Reisenden ersonnen. Kaum hatten sie nämlich all meine Sachen ausgepackt und auf dem Boden herumgeworfen, so gaben sie sich alle das Ansehen, als hätten sie in irgendeinem andern Teil des Zollhauses etwas sehr wichtiges zu tun, liefen sämtlich davon und ließen mich allein inmitten all der weit herumgestreuten Gepäckstücke, die ich nicht einmal wieder einpacken durfte, um sie vor der Räuberei der mich dicht umdrängenden Pilger und Stadtbewohner oder wenigstens vor dem Zertretenwerden zu schützen. Nachlaufen konnte ich den Zollbeamten natürlich auch nicht. Zum Glück hatte ich Ali. Diesen sendete ich ab und befahl ihm, jedem Zollbeamten im geheimen Geldversprechungen zu machen, und zwar dem vornehmeren größere, den geringeren kleinere. Nach einer halben Stunde kam der Neger zurück und verkündete mir, daß die Zollbeamten zwar mit den erwähnten Summen zufrieden seien, aber auch gleich das Geld haben wollten. Und erst als ich Ali die Summe, die sich auf zweihundert Piaster (etwa siebenunddreißig Mark) belief, mit gab, da kehrten diese Biedermänner zurück, warfen noch einmal das Gepäck durcheinander, stahlen nur noch einen Turban, eine Schärpe, ein paar seidene Tücher, einige Paar Pantoffeln und was sonst ihnen noch alles gefallen mochte und erklärten mich endlich für frei. Nun durfte ich meine Sachen auf dem Boden zusammenlesen und wieder einpacken, wobei ich entdeckte, daß mir teils von den Zöllnern, teils von den frommen Pilgern, teils auch von den anwesenden Bewohnern der Stadt Dschedda, zusammen für fünfhundert Piaster Waren gestohlen worden waren. So mußte ich froh sein, mit einem Verlust von achthundert Piastern (damals in Dschedda etwa hundertsiebenundvierzig Mark) aus den Klauen der Polizei und Zollbeamten erlöst zu werden.

Endlich war ich frei. Ich atmete auf und vergaß schnell meinen schweren Verlust, den ich übrigens halbwegs erwartet hatte. Nun ließ ich von Ali den Koffer und von einem zerlumpten indischen Packträger meine Bündel tragen, und dann bewegten wir uns langsam und würdig der Stadt zu, um dort ein Obdach zu suchen.

Von den Straßen der Stadt sind besonders zwei nennenswert, eine Hafenstraße und eine dahinterliegende Hauptstraße. Die Häuser dieser Straßen sind oft recht stattlich, teils aus Korallensteinen, teils aus Granit erbaut, mit grellweißem Anstrich versehen, der alljährlich erneuert wird; sie haben meistens zwei Stockwerke, schöne Terrassen statt der Dächer und ziemlich große Fenster, die jedoch im Sommer die Hitze allzusehr einlassen. Die Hausflur in diesen Häusern, die ich öfter betreten habe, ist ebenso schön eingerichtet und ausgeputzt. Der Boden ist mit schönen indischen Matten bedeckt, die Wände sind in einigen Häusern ganz, in andern bis zu halber Höhe mit Perlmutter ausgelegt, nicht selten findet man chinesische Tischchen vom feinsten Lack, japanische Blumenvasen, indische Elfenbeinarbeiten, kurz Zieraten, die aus dem ganzen Morgenlande zusammengetragen worden sind. Dschedda soll aber auch nicht weniger als zwölf Millionäre besitzen, das heißt Geschöpfe, welche im übrigen Orient, wenigstens unter Moslems, zu den Fabelwesen gerechnet werden müssen. Unter diesen Millionären soll es sogar zwei geben, welche Dampfschiffe ihr eigen nennen! Ein Moslem, der ein Dampfschiff besitzt, ein Moslem, der Millionär ist, ein Moslem, der ein reinliches und geschmücktes Haus besitzt, das sind Dinge, an die ich nicht glauben konnte, ehe ich sie in Dschedda gesehen hatte. – Hinter den Häusern dieser Kaufleute, deren jedes seine eigene Zisterne mit genug trinkbarem Wasser besitzt, befinden sich die Warenlager, stallartige, große Gebäude, deren innerer geräumiger Hof von gewölbten Hallen und Sälen umgeben ist. – Das Leben im Hafen ist buntbewegt. Zwar können nur die kleinsten Schiffe unmittelbar an der Hafenmauer landen; aber die Schiffe, die weiter draußen liegen, müssen doch die mannigfaltigsten Waren ein- und ausladen. Das Wasser ist nicht zu allen Jahreszeiten gleich hoch. Das ganze Rote Meer hat überhaupt im Winter einen höheren Wasserstand als im Sommer, was von den im Sommer vorherrschenden Nordwinden herrührt, welche die Wasser in beschleunigtem Laufe durch die Meerenge Bab el Mandeb dem Indischen Ozean zutreiben, während im Winter die von Indien wehenden Südmonsuns gerade das Gegenteil bewirken. So ist zum Beispiel der Weg zwischen dem großen Hafen- und dem Galeerenhafen im Sommer, selbst zur Zeit der Flut, trocken, im Winter dagegen mit Wasser bedeckt. – Auf den drei dem Lande zugekehrten Seiten ist Dschedda von stattlichen, sieben bis acht Meter hohen Mauern umgeben, an denen sich von vierzig zu vierzig Schritten Wacht-türme mit Zinnen und Schießscharten befinden. Als im Jahre 1817 die wilden Barbaren der arabischen Wüste die Stadt erstürmen wollten, da wurde jeder Familie von Dschedda ein Teil der Stadtmauer zur Verteidigung anvertraut, und noch jetzt erinnern daran die vorspringenden klobigen Mauersteine, die allemal die Grenze zwischen den Verteidigungsgebieten der Familien angaben. Mohammed Ali, der Vizekönig von Ägypten (bei uns heißt er meistens Mehemmed, das heißt der kleine Mohammed, das Mohammedchen) hat noch ein Schloß und eine Batterie zur weiteren Bewachung der Stadt und des Hafens erbauen lassen, die aber jetzt, unter der seit 1845 wieder eingeführten nachlässigen und nichtswürdigen türkischen Herrschaft, dem Verfall entgegengehen und bald zu den Ruinen gezählt werden dürfen, wovon jede türkische Stadt Überfluß besitzt.

Nachdem ich auf meiner Suche nach einer Herberge ein ungefähres Bild von der Stadt ge-wonnen hatte, gelangte ich endlich nach vielen vergeblichen Bemühungen zu einer Herberge, wo ich mein müdes Haupt niederlegen und meinen Gehilfen das schwere Gepäck, das sie schon beinahe eine Stunde durch die Straßen, Gassen und Gäßchen mit ihrem entsetzlich schlechten Straßenboden (denn an Pflaster ist hier natürlich nicht zu denken), geschleppt hatten, abge-nommen werden konnte. Die bevorstehende Zeit der Wallfahrt nach Arafa, die nur einmal im Jahre vor sich gehen kann, hatte eine ungeheure Menge Pilger hierhergeführt, so daß alle Oka-la (Herbergen) übermäßig teuer und meist auch schon überfüllt waren, so daß viele Pilger bei Beduinen und Negern in elenden Schilfhütten Herberge suchten. Endlich fanden wir noch ein Okal, das sogar zu meinem Erstaunen fast leer war. Es bestand aus einem schmutzigen, verwahr-losten, mit Kamelen, Maultieren und Eseln angefüllten inneren Hof, um welchen herum im Erdgeschoß, das gewölbt war, und im ersten Stockwerk zusammen einige zwanzig größere und kleinere Stuben lagen. Eine der kleineren konnte ich nach einigem Handeln für die Summe von fünfundzwanzig Piastern (viereinhalb Mark) den Tag mieten, ein nach arabischen Begriffen ganz außerordentlich hoher Preis, der nur durch die gewaltige Überfüllung der Stadt zu erklä-ren war. Ich traute mich aber auch nicht, mit derselben Roheit zu handeln und mit derselben Sündflut von Schimpfworten dabei um mich zu werfen, wie es die wirklichen Araber tun, aus Furcht, mich zu verraten. So blieb ich denn, was ich ja auch sein wollte, ein Maghrebi, das heißt ein Mitglied eines Volkes, das durch seine sprichwörtliche Dummheit berühmt ist, und bei einem Maghrebi wird man keine noch so große Dummheit unnatürlich finden. Ich ließ also mein Gepäck in das kleine, schmutzige, völlig kahle Zimmer bringen und verabschiedete den Indier, der sich zu meiner Überraschung mit einem sehr kleinen Trinkgeld zufrieden zeigte. Mein Erstaunen über diese Bescheidenheit verschwand aber erst, als ich entdeckte, daß er sich durch den Diebstahl verschiedener in den Bündeln enthaltener Gegenstände schon im voraus entschädigt hatte.

Endlich war ich allein in meinem Zimmer, ein Vergnügen, was mir seit Kairo nicht mehr zuteil geworden war. Ali schickte ich schnell auf den Markt fort, nachdem ich mir vorher von ihm unter dem Vorwand, trinken zu wollen, Wasser hatte holen lassen, und nun schloß ich mich ein und ergab mich zwei Handlungen, welche für einen Hadsch, der den Ihram trägt, geradezu verbrecherisch sind und die mich gewiß als Ketzer, ja vielleicht als Ungläubigen verraten haben würden. Diese beiden strafwürdigen Handlungen waren erstens, daß ich auf das zahlreiche Ungeziefer, womit meine Reisegefährten mich angesteckt hatten, die energischste Jagd machte und dasselbe bis auf die letzte Laus vertilgte, und dann, daß ich mich von Kopf bis zu Fuß wusch, ein Vergnügen, was sich kein Pilger erlauben darf, da er ja bei dem Übergießen irgendein Ungeziefer ersäufen kann. Nun gewaschen und gereinigt, fühlte ich mich wie neugeboren, zog, was gleichfalls unerlaubt ist, einen reinen Ihram an und versteckte die beiden schmutzigen Tücher, daß niemand sie entdecken sollte. Nun kam mein Negersklave zurück und bereitete uns beiden auf meinem kleinen Kochherde eine einfache Mahlzeit. Ehe sie jedoch beendet war, sollte ich plötzlich in höchst unangenehmer Weise erfahren, in was für eine Herberge ich hineingeraten war.

Plötzlich erhob sich nämlich in dem Zimmer nebenan ein solcher Lärm, daß ich anfangs meinen Ohren nicht tränte und glaubte, mein Gehörapparat müßte in Unordnung geraten sein. Es war ein Geheul, Geschrei, Geächze, ein Seufzen, Jubeln, Jammern, Poltern, ein Gewimmer und Gekreische, abwechselnd mit näselndem Gesang, bald in höchsten Schrilltönen, bald in tiefem Gebrumme. Was bedeutete dieser gräßliche Skandal? Ich sollte es bald erfahren. Wenn man nämlich genau hinhörte, so entdeckte man in dem Mordspektakel einen gewissen Takt, ja man konnte sogar, wenn man sich besondere Mühe gab, einzelne Worte unterscheiden, welche in allen Tonarten getrillert, gebrummt, geschrien, geächzt und gekrächzt wurden. Es waren die vielbekannten Worte: *La illaha il Allah* (Es gibt keinen andern Gott als Allah) und: *Mohammed er-Rasul-Allah* (Mohammed ist der Prophet Gottes). Das war es also! Es waren muselmännische Gebete, die von ganz besonders frommen Pilgern, von den sogenannten heulenden Derwischen, ausgestoßen wurden. Dahin also war ich geraten? Tag und Nacht sollte ich diesen gräßlichen Lärm in meiner nächsten Nähe anhören? Diese Derwische sind zudem wegen ihres liederlichen Lebenswandels verschrieen. Als es dunkel wurde, kam denn auch vielerlei Gesindel herein, um mit den Derwischen schlechte Streiche auszuführen. So konnte ich denn den ganzen Abend mein Zimmer nicht verlassen, aus Furcht, meine ganze Habe möchte mir von dem Gesindel gestohlen werden. Die ganze Nacht währte das wahnsinnige Geschrei der Derwische, dazu kam das Gebrüll der Kamele und Esel im Hofe und die Stiche zahlloser springender Ungetüme, die aus allen Ecken und Wänden meines Zimmers auf mich eindrangen, um die Qualen dieser Nacht wahrhaft schrecklich zu machen.

Kaum graute der Morgen, so schickte ich mich denn auch an, diese fürchterliche Herberge zu verlassen. Zunächst schickte ich Ali zu meinem ehrwürdigen Freund Schich Mustapha, durch dessen Rat ich hoffte, ein anderes Zimmer zu bekommen. Es vergingen vielleicht zwei Stunden, so kam er wieder, zu meiner nicht geringen Freude in Begleitung Mustaphas und seiner drei Neffen. Die guten Leute hatten mich schon für verloren angesehen, denn Schich Mustapha hatte mich am Abend vorher in allen Kaffeebuden Dscheddas gesucht, und da es niemals vorkommt, daß ein Pilger nicht den Abend in einer solchen Bude zubringt, so glaubte er schon, uns sei ein Unglück zugestoßen. Zu seiner Freude war dies nicht der Fall; aber in was für einer Gesellschaft mußte er mich finden. Solange meine Tür offen blieb, daß die Derwische ihn beobachten konnten, benahm er sich sehr ehrerbietig gegen diese elenden Heuchler; als aber meine Tür geschlossen wurde und einer der Neffen draußen Wache hielt, da konnte sich der gute Alte nicht mehr beherrschen. Er fiel mir um den Hals und rief: In was für einer Spelunke muß ich dich wiederfinden, mein Bruder! In was für einer Räuberhöhle bist du geraten! Mach schnell, daß du aus dieser Hölle herauskommst! – Und so weiter. Zum Schluß kamen wir überein, daß er mich mit in sein Quartier nehmen wolle. Seine drei Neffen nahmen mein Gepäck auf die Schultern, und so zogen wir alle zusammen nach unten. Eine Unannehmlichkeit wartete meiner noch an der Tür, nämlich der Wirt, der von mir die Zimmermiete von drei Tagen forderte. Aber da wehrte ich mich, indem ich auf das Geschrei des Wirtes mit noch größerem Geschrei antwortete, in welches, durch mein Beispiel ermutigt, die vier Ägypter bald mit einstimmten. So mußte der Wirt denn schließlich nachgeben, begnügte sich mit einer kleinen Entschädigung und ließ uns frei ziehen. Die drei Neffen riefen ihm noch, mit echt ägyptischer Feigheit, aus der Ferne eine Menge Schimpfwörter zu, worunter »Hund« und »Schwein« noch die allerzartesten waren. Da der Wirt von der Schwelle seines Hauses diese Schmeichelnamen mit Zinsen zurückgab, aber nicht Miene machte, zu uns herüberzukommen, so blieben die drei mutig wie vorher und lieferten ein Konzert von Schimpfwörtern, wie nur Araber es anstimmen können. Nur mit Mühe gelang es mir und dem Alten, dieser Aufführung ein Ende zu machen. Und nun begaben wir uns zu der Kaffeebude, wo Mustapha sich einquartiert hatte, und wo es mir möglich war, die Nacht über auf einer Bank und zwischen meinen Bekannten einigermaßen ungestört zuzubringen.

In den drei oder vier Tagen, die wir noch in Dschedda zubringen sollten, konnte ich mit Hilfe meiner ägyptischen Freunde noch manche interessante Bekanntschaft machen. So lernte ich unter anderen auch einen Sklavenhändler mit Namen Mohammed Raïs kennen, der uns freundlich in seinem Hause aufnahm, wo wir von jungen Negersklaven in zierlichen, perlenumringten Täßchen von chinesischem Porzellan mit silbernen Untergestellen feinster ostindischer Arbeit Kaffee vorgesetzt bekamen. Wir saßen in einem allerliebsten Zimmerchen, dessen Wände ganz mit Perlmutter ausgelegt waren, worin kleine Spiegel und hier und da vergoldete Tafeln mit buntgeschriebenen Koranversen angebracht waren. Auf dem Boden lagen seine indische Palmblattmatten, von der Decke hing eine schöne chinesische Lampe herab, und der Diwan, auf dem wir Platz nehmen mußten, war mit kostbaren Kaschmirschalen bedeckt. Die Reichtümer dieses Hauses stammten, wie gesagt, aus dem Sklavenhandel. Zwar haben die Regierungen den Handel mit Menschen verboten, aber die türkischen Verwalter führen so nachlässige Aufsicht, lassen sich auch bestechen und üben dann so viel Nachsicht, daß der Handel nach wie vor, freilich im geheimen, betrieben wird. Warum auch nicht, wird er doch sogar im Koran gutgeheißen! Mohammed Raïs wußte viele Streiche ans seinem Leben zu erzählen.

Einmal hatte er an der afrikanischen Küste einen englischen Missionar kennen gelernt, der sich bemühte, die Neger durch Geld, Eßwaren oder Tabak zu bewegen, zu seinem »gottlosen Glauben« überzutreten. Die Klügsten unter diesen Neubekehrten ließ er ein Handwerk erlernen, wodurch sie für jeden, der sie in seinen Dienst nahm, höchst wertvoll wurden. So hatte er unter andern auch zwei Negerjünglinge bekehrt und erzogen, den einen zu einem Schreiner, den andern zu einem Schlosser, und beide zeigten sich so geschickt, daß der Engländer beschloß, sie nach seinem Vaterlande zu senden. »Er schickte sie also«, erzählte unser Wirt, »nach Aden, wo die gottverfluchten Ungläubigen eine Kolonie haben, und von dort sollten sie mit einem englischen Segelschiff weiterbefördert werden. Zum Glück bekam ich Wind von der Sache, hörte auch, daß dies Segelschiff in Dschedda anlegen würde, und beschloß, mich der beiden Jünglinge durch eine List zu bemächtigen. Ich hatte auch gehört, daß die beiden Jünglinge, die man schon für gute Christen hielt, allein reisten. Nur dem Kapitän des Schiffes, einem gutmütigen Branntweinsäufer, waren sie anvertraut worden. So gelang es mir leicht, sie in Dschedda ans Land zu locken, indem ich mich unter einem Handelsvorwand an Bord schlich und ihnen glänzende Beschreibungen von dem üppigen Leben in den Kaffeehäusern von Dschedda, von den Tänzerinnen und andern Vergnügungen machte, so daß die Jünglinge nicht widerstehen konnten und sich auf dem kleinen Nachen, der mich nach der Stadt zurückführte, mit mir einschifften, um einige Stunden in Dschedda in tollem Jubel zuzubringen. Das erste, was ich bei ihrer Landung tat, war, sie nach meiner Wohnung zu bringen, wo ich sie hinter Schloß und Riegel brachte und sie von nun als meine Sklaven betrachtete. Jetzt war nur noch nötig, den englischen Kapitän zu täuschen, und das sollte nicht so schwer halten. Ich ließ alle meine Negersklaven antreten und entdeckte wirklich zwei unter ihnen, welche mit den beiden geraubten Jünglingen eine gewisse Ähnlichkeit hatten. Die Ähnlichkeit ließ sich noch ein bißchen vergrößern, indem ich ihnen die Haare geradeso stutzen und ihnen ebensolche Ohrringe anhängen ließ; dann mußten sie die Kleider der Handwerker anziehen, und nun schickte ich sie an Bord des englischen Segelschiffes, nachdem ich ihnen aufs strengste befohlen, vor der Abreise von Dschedda auch nicht ein einziges Wort zu sprechen, denn nur so könnten sie das große Glück erfahren, aus Verwechslung nach England gebracht zu werden, wo sie das köstlichste Leben von der Welt führen würden.

Die armen Teufel scheinen ihre Rolle gut gespielt zu haben, denn nie hörte ich etwas davon, daß der Betrug entdeckt worden sei. In London mag man aber nicht wenig erstaunt gewesen sein, als man statt der beiden tüchtigen jungen Handwerker zwei rohe Naturkinder ankommen sah, die von irgendeiner nützlichen Beschäftigung auch nicht die geringste Ahnung hatten. Mit den beiden geraubten Jünglingen machte ich jedoch ein höchst vorteilhaftes Geschäft, indem ich sie um das Vierfache des Wertes nach Mekka verkaufte, wo kein Engländer sie entdecken wird, denn jene heilige Stadt darf bekanntlich kein Ungläubiger betreten.«

Solche und ähnliche Geschichten erzählte Mohammed Raïs unter den Beifallsbezeigungen der Ägypter, denen ich mich anschließen mußte, wenn ich nicht auffällig werden wollte. Nachdem wir dann noch lange Zeit seine Klagen anhören mußten, daß der Handel mit Sklaven und besonders mit Weißen schlechter und schlechter werde, verließen wir sein gastliches Haus und begaben uns wieder in die Straßen von Dschedda hinaus.

Auf unseren weiteren Streifzügen durch die Stadt sahen wir uns auch die Wechselstuben an. Hier findet man fast alle Münzsorten Südeuropas und Westasiens, die türkische Lira so gut wie das französische Zweifrankenstück, den österreichischen Dukaten, die alte venezianische Zechine, die spanische Dublone, ja selbst die englische Guinee. Münzen, die in Europa nicht mehr gelten, erfreuen sich hier noch großer Beliebtheit, der Piaster sinkt fortwährend an Wert. Die Schuld daran trägt besonders die Regierung, die schlechtere und immer schlechtere Piaster prägen läßt. Die Geschichte des türkischen Piasters gleicht vollkommen der Geschichte des türkischen Reiches.

Die Haupthandelsgegenstände in den Verkaufsläden sind Zucker, Bohnen, hartes Schiffsbrot, geräuchertes Fleisch und Fische, eingemachte Früchte. Diese Waren werden von arabischen Händlern verkauft, von Leuten, die sich als Dienstboten, Lastträger und Handlanger in der Stadt niedergelassen haben und sich durch Sparsamkeit und Fleiß allmählich zu Ladenbesitzern aufschwingen. Sie sind dunkelfarbig, haben lange, kühne Adlernasen und schwarzes, ungepflegtes, zuweilen sehr feines Haar. Die indischen Waren werden dagegen von mohammedanischen Indiern verkauft, nämlich Zucker, Indigo, Baumwolle, Gewürze aller Art, das rotfärbende Kraut Henna, Korallen, Edelsteine, seidene Stoffe, Kaschmirschale, Palmstrohmatten, Elfenbeinarbeiten und chinesische Waren. Die indischen Kaufleute, die hier wohnen, behalten das Kostüm ihres Vaterlandes, die langen, weiten Beinkleider, den weißen oder bunten baumwollenen Kaftan, die Schärpe und den Turban. Sie haben schöne, dunkle, regelmäßige Gesichter, große, sprechende Augen und schlanke Körperformen. Unter ihnen sind die reichsten Kaufleute von Dschedda zu finden. Der Reichste von ihnen, der mir gezeigt wurde, war früher Sklave gewesen, hatte sich die Freiheit und allmählich ein Vermögen, unter anderm auch zwei oder drei Dampfschiffe erworben; aber er trug noch ebenso alte und, schmutzige Kleider, wie er wohl ehedem als Sklave getragen. Dann gibt es noch viele Neger in der Stadt, arme ehemalige oder auch wohl entlaufene Sklaven, die zum Arbeiten zu faul sind und sich durch das Auflesen weggeworfener Eßwaren, durch Stehlen und Betteln ernähren und von den Arabern aufs gründlichste verachtet werden. Die Beduinen, die eigentlichen Wüstenbewohner, haben hier in Schilfhütten ihre kleinen Läden, in welchen sie Milch von Kühen und Kamelen, Pferdefutter, Federvieh, Eier, Butter und Früchte und namentlich Datteln verkaufen.

Von den Frauen kann ich nicht viel sagen, da natürlich, wie überall im Morgenlands, die anständigen Frauen meistens im Hause bleiben und, wenn sie auf die Straße gehen, sich so dicht verschleiern, daß man nur eben ihre Augen zu sehen bekommt. Die Beduininnen sind meistens sehr mager und fangen schon mit dem fünfzehnten Jahre an zu verblühen. Sie sowohl wie die Ägypterinnen glauben, sich durch Färben ihrer Haut zu verschönern, und finden es sehr reizend, schwarze Fußsohlen und Hände zu haben. Auch Stirne, Brust und Wangen bemalen sie mit künstlichen Strichen, außerdem färben sie mit Henna ihre Arme und Beine sanft rot, dann bemalen sie wohl das Gesicht mit weißer Schminke und legen darauf dicke rote Schminke, dazu kleben sie Goldblättchen auf die Stirn und die Augenbrauen, und endlich schmieren sie wohl über diese ganze Farbenkruste noch eine Lage flüssiger Butter. So glauben sie schöner und schöner zu werden und werden doch schließlich wahrhaftige Hexen, vor denen man bange werden könnte.

Am zweiten Tage nach meiner Übersiedlung aus dem Okal in die Kaffeebude unternahm ich mit sämtlichen mir bekannten Ägyptern die Wallfahrt nach dem Grabe der Elternmutter. Das Grab der Ur- und Stammutter liegt etwa zweieinhalb Kilometer in nördlicher Richtung von Dschedda; der Weg dahin führt durch das Bab el Dschedid (das neue Tor), und der fromme Pilger, der hier hinauswandert, wird schon gleich vor dem Tore aus seiner Andacht herausgerissen. Hier stehen nämlich einige fünfzig Schilf-, Reiser- und Bretterbuden, in denen Tag und Nacht ohrenzerreißender Lärm ertönt. Trommeln werden geschlagen, Flöten geblasen, Baßstimmen brüllen und gellende Weiberstimmen jauchzen dazwischen. Wir setzten uns bald in eine dieser Kaffeebuden, und selbst der edle Schich Mustapha ließ es sich nicht nehmen, hier seinen Kaffee zu schlürfen. Die Menschen, die hier wohnten, gehörten zum Stamme der Suakim, welche die größten Vagabunden Arabiens und wohl würdig sind, mit den Zigeunern Europas verglichen zu werden. Fast in allen größeren Städten Arabiens gibt es solche Suakim, welche fast immer, wie hier, in elenden Hütten vor dem Tore wohnen. Sie stehen im schlechtesten Ruf und verdienen ihn, glaube ich, auch so ziemlich, denn sie ergeben sich dem liederlichsten Leben und treiben das schändlichste Gewerbe. Was sie in den Augen des Moslems besonders gottlos erscheinen läßt, das ist ihre Vorliebe für berauschende Getränke, woraus sie gar kein Hehl machen. Namentlich die Busa, ein sehr berauschendes Getränk, welches eine Art von Traubenbranntwein ist, erfreut sich großer Beliebtheit. Meine Reisegesellschaft nun, diese ganz besonders frommen Pilger, waren oder gaben vor, abgesagte Feinde dieses gottlosen Getränkes zu sein, und fielen mit argen Schimpfworten über die armen Teufel her. Besonders Schich Mustapha konnte es nicht unterlassen, den Männern, Jünglingen und Tänzerinnen, die sich um uns gesammelt hatten, eine derbe Strafpredigt zu halten:

»O ihr Ausbund aller schändlichsten Laster! O ihr gottlosen Vagabunden! O ihr Reisigbündel der Hölle! Schämt ihr euch nicht, eure gottlosen Angesichter vor der Sonne zu zeigen?« Und so weiter! – Das Merkwürdigste dabei war, daß diese Strafpredigt von den Suakim ganz ruhig, ja ich möchte sagen, mit einer gewissen Andacht angehört wurde, und als er endlich seine langen Ermahnungen und Beschimpfungen beendigt hatte, da hörte man hier und da den Ausruf: »Maschallah, dieser Mann ist ein Heiliger!« – Ich glaube zwar nicht, daß diese Predigt viel Früchte getragen hat, aber ich freute mich doch, ein Zeugnis dafür gewonnen zu haben, daß im Islam noch nicht alles Gute erstorben ist.

Endlich verließen wir die Hütten der Suakim und betraten nun auf unserem Wege das völlig öde, einsame Wüstenfeld, das Dschedda von allen Seiten umringt. Hier sucht man umsonst nach Gärten, nach Bäumen, nach grünen Plätzen; nur auf einige verkrüppelte Akazien stößt man hier und da, die wohl andeuten, daß hier früher ein Brunnen gewesen sein mag. Wir mochten in dieser Einöde etwa eine halbe Stunde gegangen sein, als wir ein Gewirr von armseligen Hütten und Kaffeezelten gewahr wurden, aus dessen Mitte sich eine Kuppel erhob. Diese elenden Baulichkeiten bezeichneten den heiligen Ort, der heute das Ziel unserer Wallfahrt bildete. Es waren schon einige hundert fromme Hadschadsch vor uns gekommen, die nun vor der Tür einer Ummauerung standen und warteten, bis ihnen geöffnet wurde. Es waren auch, wie ich zu meinem Schrecken an der Sprache der Leute erkannte, einige Maghrebia darunter. Glücklicherweise aber war ich ja in Pilgertracht und sah daher nicht anders aus wie alle übrigen; dem würdigen Schich Mustapha aber, der mich gleich auf meine Brüder aufmerksam machte, schwatzte ich vor, dies seien Tunisi (Leute aus Tunis), nichtswürdige Haschischraucher, deren Gemeinschaft man zu meiden habe, womit er sich auch einverstanden erklärte.

Endlich, nachdem wir etwa eine halbe Stunde vor dem Tore des Grabes der Mutter Eva gestanden und an seine Wände geklopft hatten, um den Wächter herbeizurufen, und nachdem wir von den brennenden Sonnenstrahlen beinahe einen Sonnenstich davongetragen, fiel es dem Schich ein, ein wirksameres Mittel, den schwerhörigen Wächter herbeizurufen, zu versuchen, was denn auch gelingen sollte. Er stimmte nämlich mit lauten, schrillenden Fisteltönen den berühmten Pilgerruf »Labik« an, und bald tönte dieser Ruf, von zweihundert Hadschadsch wiederholt, so laut und einstimmig, daß selbst der harthörige Wächter sich ihm nicht mehr entziehen konnte. Endlich erschien also der Akil (Wächter), und jetzt merkte ich auch, worin denn seine vermeintliche Harthörigkeit eigentlich bestand. Er öffnete nämlich die Tür nicht eher, als bis jeder Pilger ihm ein Trinkgeld, das zwischen fünf und fünfundzwanzig Piaster schwankte, eingehändigt hatte. Hierauf drangen wir in das Heiligtum ein.

Das Grab der Mutter Eva stellt nur einen großen Platz dar, der rings von Mauern umgeben ist. Es müßte schon eine sehr große Moschee sein, die imstande wäre, die gewaltige Tote zu überwölben, deren Oberkörper, wie berichtet wird, ungefähr dreihundert und deren Unterkörper zweihundert Fuß lang war. Nur über der Mitte des Leibes erhebt sich eine aus rohen Korallensteinen erbaute und grellweiß angestrichene Kapelle. Durch die einzige nach Westen gerichtete Tür traten wir ein, sahen aber zwischen den völlig kahlen und nackten Wänden nichts als einen viereckigen Stein auf dem Boden, der genau die Mitte des Leibes der darunter begrabenen Elternmutter bezeichnet. Dieser Nabelstein, wie man ihn nannte, war mit vielen eingemeißelten Verzierungen und Inschriften bedeckt, war jedoch im Laufe der Jahrhunderte durch die vielen Küsse von fettigen Pilgerlippen so schmutzig geworden, daß man jetzt die Verzierungen, ja auch die Steinart nur noch höchst undeutlich erkennen konnte. Diesen heiligen Stein mußten wir, nach der Anweisung des langnäsigen Akils, mit brünstigen Küssen bedecken und an ihm ein kurzes Gebet verrichten. Dann galt es, auch an den übrigen Körperteilen der Elternmutter, von Kopf bis zu den Füßen herab, die teilweise durch große Steinblöcke bezeichnet werden, Gebete zu verrichten. Auf dem Wege vom Kopf zu den Füßen kamen wir auch an einem Ort vorbei, der die Stelle einer Beule bezeichnen soll, die von den Prügeln herrührt, welche die Elternmutter von Sidna Adam, ihrem Herrn und Gemahl, bekommen hat. Auch die Füße, die ganz gewaltige Umrisse hatten, küßten wir, beteten dann, und damit war das ganze fromme Werk beendigt. Jeder fromme Muselmann glaubt, daß die Kubba (Kapelle) Evas schon vor sechstausend Jahren von ihren eigenen Kindern auferbaut und nur von Noah nach der Sündflut, die ihr einigen Schaden getan hat, etwas ausgebessert worden sei. Sie liegt auch, wie eine echte Mohammedanerin, mit dem Gesicht nach Mekka gerichtet, das freilich zu ihrer Zeit noch nicht existieren konnte.

Nach fünfstündiger Abwesenheit trafen wir wieder in Dschedda ein, wo wir nun damit begannen, alle unsere Vorbereitungen für die morgen bevorstehende Reise nach Mekka zu treffen. Ich hatte dafür drei Kamele gemietet, deren eines mich, das zweite Ali und das dritte mein Gepäck tragen sollte. Die Ägypter wollten fast alle die Wallfahrt zu Fuß machen, nur einige von ihnen mieteten kleine Eselchen. Wir besuchten dann noch den Fischmarkt, um Fische, und den Buttermarkt, um für den beispiellos wohlfeilen Preis von fünfzehn Pfennig das Pfund süße und fünfundzwanzig Pfennig das Pfund gesalzene Butter einzukaufen. Dann kehrten wir noch beim Metzger und Bäcker vor, und dann waren wir reisefertig. Ich wußte freilich nicht, daß in diesem Lande alle Reisen nur in der Nacht gemacht werden, sonst hätte ich den Ankauf von Fischen auf den andern Tag verschoben. Da mich aber keiner meiner Gefährten darauf aufmerksam machte, so fand ich mich nun im Besitz einer Menge von frischen Waren, die bei der Hitze leicht verdarben.

Kapitel 4. Von Dschedda nach Mekka

Als ich am Abend des 25. Du el Kada 1276 (15. Juni 1860) vor die Tür meiner Wohnung, der Kaffeebude, trat, bot sich mir ein seltsames Bild dar. Da lagerten auf den Plätzen der Stadt, zwischen den Schilfhütten und Reiserbuden und Zelten wohl tausend Hadschadsch aus aller Herren Länder. Am sie herum standen, lagen oder knieten die Kamele, von malerisch zerlumpten, sonnverbrannten Beduinen begleitet, dazwischen flinke Eselchen, hier und da ein reichbeladenes Maultier und zuweilen auch ein edles arabisches Roß ans dem Nedsched, dem Vaterland der schönsten Pferde, mit dem seinen, zarten Kopfe, dem schlanken, gelenkigen Körper, mit hoher, wallender Mähne, mit den dünnen, sehnigen Beinen und dem langen, dichtbehaarten Schweife. Die Karawane, welche an diesem Abend Dschedda verlassen und auch uns mitnehmen sollte, bestand aus etwa fünfhundert Hadschadsch, von denen ungefähr hundert Kamele, hundertfünfzig kleine Eselchen ritten und die übrigen zu Fuß gingen. Aber unsere Karawane besaß keinen Häuptling und auch keinen Zusammenhang und war überhaupt nichts anderes, als ein unregelmäßiger Zug von Reisenden, die in der größten Anordnung ritten oder gingen. Gelegentlich sah man wohl auch eine von zwei reichverzierten Kamelen getragene Sänfte, durch deren offenes Fenster man die seltsamen, gespensterartig verhüllten Gestalten von Frauen erblicken konnte. Da wandelte zu Fuß ein Häuflein Derwische mit schmutzigen und durchlöcherten Ihrams und ungewaschenen Gliedern. Dazwischen sah man auch wohl irgendeinen stolzen arabischen Häuptling, der kühn zu Pferde auf einem edlen, sich hochbäumenden Araberhengst des Nedsched saß und der mit seinem langen wallenden weißen Mantel, roten Kopftuch und glänzenden Waffen im Gürtel sich vorteilhaft von den einförmig gekleideten Pilgern unterschied.

In unserer Gesellschaft befand sich übrigens jetzt auch wieder einer der beiden Mekkaner, welche von Kairo die Nilfahrt, dann die Wüstenreise und endlich die Seefahrt auf dem Roten Meere mit uns gemacht hatten. Zum Glück waren wir den Spitzbuben, der den guten, dicken Haggi Omar bestohlen und der die ganze Reise auf unsere Kosten mitgemacht hatte, losgeworden. Den andern suchte ich mir geneigt zu machen, indem ich ihm seine Kamelmiete von Dschedda nach Mekka bezahlte; dies tat ich in der Hoffnung, daß er mir in Mekka weitere Auskunft über die heilige Stadt gebe und mir bei der Erlangung eines Quartiers behilflich sei. Das geschah denn auch später ziemlich zu meiner Zufriedenheit. Hassan Ben Ssadak, so hieß der Mekkawi, war aber, wie ich trotz seiner Prahlereien sehr bald entdeckte, keineswegs der Sohn wohlhabender Eltern; sein Vater Ssadak, den ich später in Mekka kennen lernte, war vielmehr einer jener vielen gelehrten Bettler, die ihre Kenntnisse des Korans dazu benutzen, um von den Almosen der gläubigen Pilger zu leben.

Der Weg von Dschedda nach Mekka mag etwa neun deutsche Meilen betragen. Da nun eine gewöhnliche Karawane volle zwei Stunden gebraucht, um eine deutsche Meile zurückzulegen, so hätten wir achtzehn Stunden hoch zu Kamel oder zu Esel zubringen müssen. Wir zogen es aber vor, in einer Mittelstation, die den Namen Hadda führt, einen Tag Aufenthalt zu machen.

Bald nachdem wir das Gewirr von Kaffeezelten vor den Toren Dscheddas verlassen hatten, traten wir in eine wahre Einöde ein, in der, soweit ich in der Dunkelheit unterscheiden konnte, nichts, gar nichts zu wachsen schien. Hier ruhte die Natur in unermeßlichem Schweigen, kein Laut eines Nachtvogels ließ sich vernehmen, kein Abendschwärmer summte dahin, kein Leuchtkäfer funkelte durch die Nachtluft. Das einzige Leben brachten die Pilger in die Totenstille, aber auch diese waren schweigsam und würdevoll, wie es nun einmal die Morgenländer alle sind.

Nach dreistündigem Ritt, der uns zwar unmerklich, aber doch stetig aufwärts geführt hatte, wurde eine kurze Rast bei einem Brunnen gemacht, neben dem eine Kaffeebude erbaut worden war. Am 11 Uhr wurde schon wieder bei einer andern Kaffeebude gerastet; die gewaltige Hitze in dieser Nacht hatte aber auch alle sehr durstig gemacht. Meine Reisegefährten erquickten sich durch Wasser und genossen ihr hartes schwarzes Durrabrot, wozu ich ihnen einige eingesalzene Fische schenkte, was mir manchen zum Freunde machte.

Der Mekkawi erzählte mir, daß diese Straße früher von herumziehenden Räuberbanden sehr unsicher gemacht worden sei; jetzt übten hier nun türkische Soldaten die Aufsicht, die aber selbst wieder allerlei Räubereien begingen, sich von den Pilgern Lebensmittel und Kaffee mit Gewalt erpreßten, die Läden ausplünderten und die Wirte oft bis aufs Hemd ausraubten. Deshalb sind diese Kaffeebuden hier auch meistens in der Hand von Türken. Die beiden Söhne des Besitzers dieser Kaffeebude fielen über die Araber, namentlich über die sanfteren Ägypter, mit den gemeinsten Schimpfworten her; gegen die städtischen Araber benahmen sie sich nur ein wenig höflicher; gegen die Beduinen, die freien Söhne der Wüste, aber trauten sie sich kaum den Mund aufzutun. Wo die Türken sich in der Minderheit befinden, da werden sie von den Arabern sehr verachtet; wo sie sich aber stark genug fühlen, da lassen sie die armen Hadschadsch ihre ganze Roheit fühlen. – Da sich in unserer Gesellschaft auch zwei Türken befanden, die beiden nämlich, welche schon von Kairo mit uns gereist waren, so brachten die beiden schimpflustigen Jünglinge bald eine große Schüssel voll Pilaff, das bekannte türkische Nationalgericht aus Reis, Butter und Hammelfleisch, auf den Tisch, worauf sogleich ein ganz unmäßiges Fressen begann. Das Unanständigste aber war nicht die Gier, mit der sie den Reis verschlangen, sondern das Getöse, das aus ihrem Magen nach beendigter Mahlzeit heraufstieg und das bei ihnen mit zum guten Ton gehörte.

Nach einem Ritt von anderthalb Stunden gelangten wir an einen Brunnen mit Kaffeezelten, rasteten jedoch nicht, sondern setzten unsern Weg, der immer noch in die Höhe strebte, fort, bis wir gegen vier Uhr morgens einen kleinen Ort namens Bahra erreichten. Hier bemerkten wir mit freudigem Erstaunen wieder mannigfaltigen Pflanzenwuchs, Akazien, Zuckerrohr und vielerlei sonderbar geformte Blattpflanzen. Der Ort selbst bestand aus dreißig elenden Hütten, zwischen denen ein kleiner Markt abgehalten wurde. Die Eßwaren waren jedoch alle schlecht oder verdorben und zudem mit einem Geschmeiß von Ungeziefer bedeckt, welches, durch die Lichter angelockt, sich in Massen auf den Waren lagerte, von denen nichts kaufen zu müssen ich meinem Schöpfer dankte. Hier befand sich auch ein Posten türkischen Militärs zur Sicherung des Weges in Garnison. Wir bekamen aber keine Soldaten zu Gesicht; denn diese pflegen nachts zu schlafen und nur am Tage, wenn es gar keine Pilger gibt, die Straße zu bewachen.

Nach weiterem zweistündigen Ritt erreichten wir Hadda, die Mittelstation, und zwar gerade – ein herrlicher Anblick – zur Zeit des Sonnenaufgangs. El Hadda mochte etwa zweihundert Bretterbuden, Reisighütten oder Zelte zählen. Zum Glück fanden wir, wenn auch mit vieler Mühe und nur für schweres Geld, Unterkommen in einer der vielen Kaffeebuden und brauchten nicht wie so viele arme Hadschadsch in den Straßen der armseligen Hüttenstadt auf der nackten Erde unser Tagesquartier aufzuschlagen; denn in El Hadda, das war ausgemacht, mußte der Tag zugebracht werden. Ich hatte zwar große Lust, gleich den Weg nach Mekka fortzusetzen; denn meine Ungeduld, die heilige Stadt zu erreichen, war groß; aber selbst wenn ich einen Beduinen gefunden hätte, der mich bei Tage hätte dahin führen wollen, so wäre ich dann doch von meiner Reisegesellschaft getrennt worden, was ich nicht für gut hielt.

Als ich nach sechs- bis siebenstündigem Schlafe wieder erwachte, war bereits die erste Stunde des Nachmittags angebrochen, in welcher jeder fromme Pilger seine vier Rikats beten muß, was ich denn auch tat. Danach ging ich mit dem Mekkawi in den Gassen von El Hadda ein wenig auf und ab. Dieser Ort bot doch einen höchst seltsamen Anblick. Die Reisighütten waren alle bienenkorbartig gerundet, so daß man sich in ein Negerdorf versetzt glauben konnte, und waren umschwärmt von einem dichten Heere halbnackter Hadschadsch, die, seit Rabörh nicht mehr gewaschen und rasiert, von Schmutz, Ungeziefer und Lumpen starrten. Mitten unter diesem Volk begegneten wir einem Mann, der noch ein wirkliches und ziemlich reinliches Gewand anhatte, zwar keine Schuhe besaß, aber auf seinem Haupte einen mächtigen Turban schaukelte. Dieser Mann war ein alter Bekannter meines Mekkawi, der ihm denn auch lebhaft um den Hals fiel; er war Besitzer von acht der bienenkorbartigen Hütten, aus deren Vermietung zur Pilgerzeit er einen ansehnlichen Gewinn zog. Sonst diente jede dieser Hütten einem eigenen Zweck, die eine als Küche, die andere als Vorratskammer, eine als Gastzimmer, eine als Schlafgemach, eine als Harem (Frauengemach), kurz alles war schön eingeteilt. Jetzt aber war alles an die Fremden vermietet, welche für diese elenden Räumlichkeiten Preise zahlen mußten, für die man in jeder arabischen Stadt ein schönes Haus mieten konnte. Seine sieben Frauen hatte dieser tüchtige Geschäftsmann samt einem Dutzend schmutziger und lärmender Kinder in eine einzige Hütte zusammengestopft, wo sie sich nicht zum Besten befunden haben mögen. Komisch war es nun, wenn eine der Gattinnen es wagen wollte, sich aus dem Schmutz und Ungeziefer in der Hütte einen Augenblick herauszureißen, um etwas frische Luft zu schöpfen. Dann hätte man sehen sollen, mit welcher Eile der Herr, mit einem großmächtigen Knüppel bewaffnet, herbeisprang und seiner geliebten Frau eine tüchtige Portion Prügel verabreichte, so daß sie schreiend und weinend in den Bienenkorb zurückkriechen mußte. So sorgte der Herr dafür, daß seine Frauen nicht mit den Pilgern zusammenkamen oder wohl gar eine Liebschaft mit ihnen anfingen.

Mit diesem Manne und meinem Mekkawi überlegte ich denn auch, wie ich in Mekka am besten zu einem Quartier kommen konnte. Diese Spitzbuben wußten natürlich guten Rat für mich, aber sie wollten jedenfalls auch ihren Vorteil dabei wahrnehmen. Sie nannten mir ein Haus, in dem man, wenn man ihren Worten trauen durfte, ganz vortrefflich leben könne; man nähre sich dort von den herrlichsten Gerichten des Orients, bekomme Polster zu Betten, man habe ein wunderschönes Rauchzimmer, einen Divan, Teppiche auf dem Boden, den ganzen Tag Kaffee, so viel man wolle, und wer weiß noch wie viele Wonnen. Leider seien die Gäste dort nicht immer sehr fromm; es kehrten da zuweilen Perser ein, die bekanntlich jedem strengglärbigen Muselmann ein Greuel sind, und Maghrebia (aus Algerien, Tunis und Marokko) gebe es dort leider gar nicht, weil dies Haus in einem recht abgelegenen, ein wenig verachteten Stadtteil liege. Man kann sich denken, daß mich die geringe Strenggläubigkeit in diesem Hause wenig kümmerte; daß aber dort meine Landsleute gar nicht zu finden seien, das gerade machte mich fest entschlossen, nirgend anders als in diesem Hause einzukehren.

El Hadda ist übrigens der erste Ort, wo das heilige Gebiet von Mekka seinen Anfang nimmt. Noch ist es Zeit für einen Ungläubigen, umzukehren, wagt er sich weiter, so trifft ihn unfehlbar die Todesstrafe.

Um 7 Uhr abends war wieder alles zum Aufbruch bereit. Schich Mustapha glaubte mir etwas recht Tröstliches zu sagen, indem er mir erzählte, daß es unmöglich sei, daß ein Christ das heilige Gebiet betrete, ohne gleich tot niederzufallen. Ich hätte ihn leicht von der Unrichtigkeit dieser Erzählung überzeugen können, denn ich befand mich, zwar schwach und fast krank vor Erschöpfung von den Strapazen der Pilgerfahrt, doch um kein Haar schlechter als vorher und dachte gar nicht daran, auf der Stelle umzufallen; aber ich hütete mich doch, mich als Kafir (Ungläubigen) zu verraten. Da wir von der Küste an immer aufwärtsgestiegen waren, so machte sich die Nachtkühle doch sehr empfindlich bemerkbar und viele der frommen Hadschadsch zitterten in ihren leichten Umschlagetüchern wie Espenlaub, litten sie doch fast zur Hälfte an Erkältungen des Halses, der Brust und namentlich des Unterleibes. Auch ich litt viel seit einigen Tagen an einer Unterleibserkältung, aber *ein* Gedanke hielt mich aufrecht, *der* Gedanke, morgen mit dem frühesten Hahnenschrei die Stadt zu betreten, welche erst, solange sie besteht, zwölf Europäer gesehen hatten.

Um 11 Uhr erreichten wir die Kubba eines großen Marabuts (Heiligen), von dem erzählt wurde, daß er aus einem fernen, fernen Lande zum heiligen Grabe gepilgert, aber durch übermäßiges Fasten so hinfällig geworden sei, daß er nur jeden Tag ein oder zwei Stunden von seiner langen Fußreise hätte zurücklegen können. So war unser frommer Pilger im Laufe vieler, vieler Jahre immer näher dem Grabe gekommen, schon hatte er das heilige Gebiet betreten, da gefiel es dem garstigen Schicksal, hier an dieser Stelle seinen Lebensfaden abzuschneiden. Wenn nun auch Allah in seiner großen Güte ihn nach dem Tode noch nach Mekka geführt hat, damit er die sieben Umgänge um die Kaaba vollenden konnte, so liegt er doch wiederum hier begraben, hier an der Grenze der heiligen Stätte.

An diesem Orte verrichteten wir natürlich Andachtsübungen und rasteten dann wieder ein paar Stunden. Die meisten Pilger gaben vor, daß sie bereits Mekka sehen könnten, was ganz unmöglich war, da man es selbst am hellen Tag von hier aus nicht sehen kann; aber so sehr wirkte die fromme Einbildung auf diese von Glaubenseifer erhitzten Gemüter, daß sie alle in der Dunkelheit Mauern, Türme und Moscheen in der Ferne zu unterscheiden vermeinten und demzufolge niederknieten und die Andachtsübungen verrichteten, die für den Augenblick, da man zum erstenmal die heilige Stadt erblickt, vorgeschrieben sind. Um nicht als lau oder ungläubig zu gelten, mußte ich sie natürlich mitmachen, und da ich diese neuen umständlichen Gebetsübungen nicht kannte, so mietete ich für ein gutes Trinkgeld meinen Mekkawi, der mir die Gebete einzeln vorsprechen mußte.

Bei diesem Hassan stieg übrigens, je näher wir seiner Stadt kamen, der Hochmut, und darin erging es ihm wie allen andern Mekkawia. Jeder Mekkaner ist nämlich von seiner eigenen Vortrefflichkeit so überzeugt, daß es für ihn eine ausgemachte Sache ist, daß der elendeste Bettler in Mekka noch besser ist, als der vornehmste Mann in einem andern Lande. Wenn man sich eine Stufenleiter der Menschen ausdenken wollte, wie sie sich der Mekkaner vorstellt, so müßte auf der höchsten Stufe natürlich der Mekkaner selbst zu stehen kommen. Dann würde lange Zeit gar nichts kommen, denn nach ihm dürfte noch lange niemand würdig gefunden werden, auf den Stufen der Leiter zu stehen. Hundert Stufen unter ihm könnte der Bewohner von Medina, der andern heiligen Stadt, seinen Platz finden, fünfzig Stufen unter diesem die Beduinen und die andern strenggläubigen Bewohner Arabiens, erst tief unter diesen die Ägypter und Syrer, am tiefsten aber die Maghrebia, meine vermeintlichen Landsleute, nur um ein wenig höher als die Neger, die, auch wenn sie Moslems sind, doch zu den niedrigsten Menschenkindern zählen. Ganz außerhalb dieser Leiter aber würden die Türken zu stellen sein, die als Barbaren verachtet werden, da sie kein Arabisch sprechen. Bis jetzt ist aber nur von den Rechtgläubigen die Rede gewesen, von denen es bekanntlich vier Sorten gibt. Was jedoch die Perser und andere falschgläubige Moslems betrifft, so gelten sie als so verwünschtes Höllenfutter, daß er ihnen den Namen eines Menschen nicht mehr zulegen kann, sondern von ihnen als von Hunden, Schweinen und noch Schlimmerem zu sprechen genötigt ist, mit welchen schönen Namen er auch alle Christen und Juden reichlich beschenkt, die ein Mekkaner begreiflicherweise gar nicht für Geschöpfe Gottes ansieht. Mein gutmütiger alter Freund Schich Mustapha hatte mit großem Wohlgefallen meine Frömmigkeit gesehen und schickte sich nun an, mir noch eine seiner beliebten langweiligen Predigten zu halten. Aber jetzt sollte er eine große Demütigung erfahren. Der Mekkaner, der den Ägypter als einen Barbaren tief verachtete, hatte ihn bisher in seinen Predigten gewähren lassen; jetzt aber, an der Schwelle des Heiligtums, im Gebiete seiner Vaterstadt, sollte diese Komödie ein Ende nehmen.

»O du Esel,« schrie er ihn an, »du eingebildeter Narr! Was wagst du hier zu sagen, wo doch ein Sohn der heiligen Stadt zugegen ist? Was verstehst du überhaupt von Religion? Halte dein unverschämtes Maul oder benutze es vielmehr, um damit die Brosamen aufzulesen, die der Mekkaner vom Tische der Erkenntnis fallen läßt!«

So ging es noch eine Zeitlang fort, und Schich Mustapha ließ all diese Schimpfworte, welche über sein ehrwürdiges Haupt ausgegossen wurden, ruhig über sich ergehen. »Möge Allah dir deine Roheit verzeihen«, das waren seine einzigen still vor sich hingesprochenen Worte; aber auch diese Worte sagte er erst dann, als sich der Mekkaner einen Augenblick umgewandt hatte und sie nicht hören konnte, sonst würde dieser mit einem neuen Mistkarren von Schimpfwörtern geantwortet haben.

Nachdem wir genügend unsere Verehrung des alten Heiligen zur Schau getragen hatten, begaben wir uns zu unseren Gefährten zurück, um nun das letzte Stück der Pilgerfahrt zurückzulegen. Mit Absicht hatten wir an diesem Ort so lange, nämlich drei Stunden, gerastet, damit wir gerade bei Tagesanbruch Mekka erreichen mußten. Unser Aufbruch, um 2 Uhr morgens, erfolgte unter lautem und anhaltendem Ausstoßen des Pilgerrufes »Labik«. »Labik« so rief die ganze Karawane, »Labik« so tönte es von allen Felsen, Bergen und Hügeln zurück. Als der Mond aufging, konnte ich dies Land, das halb Wüste halb Steppe war, genauer erkennen. Hier und da kamen wir durch eine kleine Wildnis von niedrigem Gesträuch, hier und da erblickten wir einen einsamen Baum; zuweilen führte uns der Weg durch eine steinige Schlucht, deren Wände senkrecht in die Höhe ragten; dann kam wohl das Bett eines ausgetrockneten nur im Winter Wasser führenden Gießbaches, manchmal ritten wir auch wieder durch vollkommen wüstes Land, in der Ferne ließ uns der matte Mondesschimmer Gebirge erblicken; und fast immer strebte unser Weg noch in die Höhe, und die Morgenluft wehte uns frischer und immer frischer an.

Plötzlich wurde ein zarter, rosiger Schein am östlichen Himmel sichtbar. Es war die erste Tagesdämmerung, jene Zeit, welche nicht mehr Nacht und noch nicht Tag ist, jene Zeit, in der man nicht einen weißen Faden von einem schwarzen soll unterscheiden können. Dieses matte rosige Licht dauerte vielleicht nur eine Minute. Aber diese Minute genügte uns, um auf dem zarten, mattgefärbten Himmelsrande eine graue Masse mit undeutlichen Umrissen sich abzeichnen zu sehen. Beim Anblick dieser grauen Masse brach auf einmal ein fürchterlicher, unaussprechlicher Jubel aus allen Kehlen los. Ein tausendfaches »Labik« begrüßte die Erscheinung. Mekka, die neunmal heilige Stadt, Mekka, in dem jeder Stein heilig ist, Mekka, in dem die Kaaba liegt, die Kaaba, das Heiligste auf Erden, die Wiege des Islam, die feste Burg Gottes auf Erden, Mekka war es, das aus allen Kehlen mit donnernden Rufen begrüßt wurde. Eine Begeisterung, wie ich sie noch nie in meinem Leben gesehen hatte, gab sich kund. Viele Pilger warfen sich auf die Erde nieder, streckten die Arme sehnsüchtig nach der schwarzen Häusermasse aus oder bedeckten den Wüstensand mit brünstigen Küssen. Die meisten weinten, schluchzten oder seufzten in lauten, gellenden Tönen.

Nun begann die eigentliche Morgendämmerung, die Gegend erhellte sich mehr und mehr, und endlich sahen wir Mekka deutlich vor uns liegen. Leider enttäuschte mich der Anblick der Stadt, an der nichts Schönes zu sehen war als die große Moschee mit ihren sieben Minaretts und den zahllosen Kuppeln der Säulengänge rund um die hochherausragende vierkantige Kaaba, keine Ringmauern, keine Zinnen und Wachttürme, die andern orientalischen Städten oft ein so prächtiges Aussehen geben, nur ein paar Wachttürme an den vier Haupteingängen der Stadt, sowie auf einem Berge die mittelalterliche, aber schon arg verfallene Festung der Stadt. Auch die Umgebung ist nicht großartig. Die Stadt liegt in einem länglichen Tal, das von niederen Höhen begrenzt ist; kein Baum, kaum ein Strauch, und nur hier und da spärliche Gemüsepflanzungen verbreiten ihr Grün über den Wüstenboden. In dieser traurigen Gegend wäre gewiß nie eine Stadt entstanden, wenn nicht in alter Zeit ein Heiliger, dem das Wasser der bitteren Quelle Semsem, die hier fließt, genügte, die Menschen hierhergelockt und in ihnen den Glauben an die gewaltige Wunderkraft dieser Gnadenquelle erweckt hätte. So muß Mekka entstanden sein; zu welcher Zeit es aber entstanden ist, das vermag kein Mensch zu sagen, und ebenso nicht, wer es gründete.

In solche Betrachtungen vertieft war ich endlich bei dem Haupteingang von Mekka, im Westen, angekommen. Hier breitet sich ein Beduinenlager aus, das als eine Vorstadt von Mekka gelten kann. Dann betraten wir die erste Hauptstraße, die uns zwischen ansehnlichen, zwei- und dreistöckigen, mit Terrassen gedeckten Häusern hinführte, gelangten dann durch eine lange, winklige, vielgewundene Straße, die Bäderstraße genannt; dann nahm uns eine schöne, weite Straße, El Emsa, auf, noch einige siebzig Schritte, und wir standen an einem der Haupttore der großen Moschee, am Bab El Ssalam (am Tor des Friedens oder des Grußes). Ehe wir unser Quartier aufsuchen durften, ehe wir das Gepäck in Sicherheit bringen, ehe wir das geringste genießen oder die müden Glieder ausruhen durften, mußten wir der Pflicht eines jeden frommen Hadsch genügen und gleich bei unserer Ankunft in der heiligen Stadt den siebenmaligen Umgang um die Kaaba ausführen.

Kapitel 5. Die Kaaba

Hassan, der immer bei mir geblieben war, hatte mit mir und Ali den Weg durch die Stadt zu Fuß zurückgelegt und führte uns durch das Gedränge von Menschen, Tieren und Waren, das sich vor der Moschee gebildet hatte, bis an das Tor des Grußes hinan. Hier standen auch einige hundert Mekkawia, von denen die meisten Metuafin waren. Ein Metuaf ist ein frommer Kirchenführer, der sich ein Geschäft daraus macht, den Pilger an alle heiligen Orte zu führen und ihn überall zu lehren, welche Andachten dort zu verrichten sind. Er führt ihn aber nicht nur durch die Moschee, sondern auch zu allen übrigen heiligen Orten, vor allem zum Berge Arafa, er zeigt ihm auch die Merkwürdigkeiten von Mekka, er führt ihn in die Kaffee- und Barbierstuben, er handelt für ihn in den Läden, er verschafft ihm eine Wohnung, ja er begleitet ihn auch zu allerlei bedenklichen Vergnügungen.

Unter diesen religiösen Lohndienern befand sich auch ein spindeldürres, kleines Männchen, ein wandelndes Knochengerippe mit spärlichem weißen Bart und ein paar unheimlich funkelnden schwarzen Äuglein. Das Männchen konnte es an Körperkraft mit seinen Kollegen, die in dichten Scharen die Pilger umdrängten, nicht aufnehmen und mußte wehmütig sehen, wie jene die fettesten Bissen, einen nach dem andern, wegschnappten. Kaum aber hatte Hassan den hinfälligen Greis gesehen, als er plötzlich mit kräftigen Armen und Fäusten die unverschämten Tempeldiener zur Seite warf, rechts und links um sich hieb, sich einen Weg zu dem Alten bahnte und diesem mit kindlicher Zärtlichkeit um den Hals fiel. Dann entspann sich zwischen den beiden ein lebhaftes Gespräch, wobei der Junge dem Alten Wichtiges mitzuteilen schien. Gleich darauf drängten sie sich vereint durch die Menge der Tempelführer, von denen mich wohl dreißig dicht umdrängten, anschrieen und mir das dünne Gewand vom Leibe zu reißen drohten. Meinem Reisegefährten gelang es aber, die Zudringlichen zu verscheuchen, die nun wohl einsahen, daß ich meinen Mann schon gefunden hatte; und dann stellte er mir den Alten als seinen Vater vor, als Ssadak (der Gerechte) Ben Hanifa (Sohn der Hanifa, die eine Dame von ganz besonderer Heiligkeit gewesen sein sollte). Ich war froh, daß ich zwei Menschen bei mir hatte, die mir behilflich sein wollten, denn meine ägyptischen Reisegefährten waren alle in dem Gewühl am Tore des Friedens von meiner Seite weggedrängt worden; nur einer, der dicke Omar, war bei mir geblieben und hatte sich entschlossen, meinen Tempeldiener auf meine Kosten mitzubenutzen. Hassan nahm nun schnell von uns Abschied, nachdem wir einen Treffpunkt verabredet hatten, und dann traten wir in das Innere der Moschee ein.

Den größten Teil derselben bildet ein großer viereckiger Raum, in welchem sich die zehn oder zwölf Heiligtümer des Islam befinden, und der von allen vier Seiten von einem mächtigen überdachten und nach außen geschlossenen Säulenumgang eingefaßt wird. Auf der flachen Dachterrasse des Säulengangs erhebt sich in langer Linie ein Heer von kleinen, grellweiß angestrichenen Kuppeln. Seine Säulen sind von der allerverschiedensten Gestalt, ja auch von verschiedenem Gestein gefertigt und zum Teil auch mit Inschriften bedeckt.

Die ganze Anlage der Kirche ist sehr ungleichmäßig, bald ist hier, bald dort ein Teil angeflickt worden. Der Säulenumgang hat im ganzen achtzehn Tore, die ganz unregelmäßig auf seine vier Seiten verteilt sind. An dem Säulenumgang sind auch sieben Minaretts (Gebetstürme) aufgestellt, die ganz ungleichmäßig gebaut und geformt sind. Auf allen sieben aber stehen vergoldete Halbmonde, und außerdem wird auf ihnen zu jeder der fünf Gebetsstunden die weiße, am Freitag eine Stunde lang die heilige grüne Fahne aufgezogen, zu welcher Zeit die Mueddin (Gebetsausrufer) die Balkone der Türme besteigen und in singendem Tone das Glaubensbekenntnis des Islam ertönen lassen. Es bringt einen eigentümlichen Eindruck hervor, wenn man zu einer der fünf Gebetszelten im Hofe der großen Moschee steht und plötzlich, wie mit einem Schlage, die sieben weißen Fähnchen auf die Turmspitze stiegen, die zahlreichen Mueddin auf den Ballonen erscheinen und durcheinander singen und rufen, und oft ging ich in die Moschee, um diesem Schauspiel beizuwohnen.

Aber nur einen Augenblick konnte ich mich an diesem Morgen, an dem die sieben feierlichen Umgänge gemacht werden sollten, in den Anblick der Moschee vertiefen. Zuerst mußte ich zwei Rikats beten, welche als der erste Gruß des Pilgers an das Heiligtum gelten, ehe er in ihre nächste Nähe gehen darf; dann nahm mich mein Metuaf bei der rechten Hand, der dicke Omar begleitete mich zur linken, und beide führten mich schnurstracks nach der Mitte des Hofes, wo das wunderbare Heiligtum des Islam, die Kaaba thronte.

Da lag sie, eine finstere, viereckige, schwerfällige Masse, von schlechtbehauenen Steinen erbaut, da lag die Kaaba, das Ziel meiner Wallfahrt, das Zentrum des Islam. Sie ragte über alles empor, war höher als der Säulenumgang, höher als alle die Heiligtümer, die sonst noch im Hofe erbaut waren. Die Kaaba, die Würfel genannt wird, ist doch kein Würfel, denn ihre Höhe beträgt beinahe das doppelte ihrer Länge und Breite; so sieht sie aus wie ein barbarischer, abgeschnittener, vierseitiger Turm. Diese seltsame Form, dazu die schwarze Farbe, dazu die tollen Scharen halbnackter Pilger, die bald vor ihr niedersinken, bald aufspringen, um sie und ihre Heiligtümer an Herz und Mund zu drücken, bald in wildem Laufe um sie herumrennen – dies alles macht einen mächtigen, ja grauenerregenden Eindruck, denn dies ist nichts als Heidentum und Götzendienst! Aber mein Metuaf rüttelte mich bald wieder aus meinem Nachdenken und mahnte mich an die Pflichten meiner Pilgerschaft.

Die erste dieser Pflichten war, daß ich bei dem zweiten Tor des Grußes (denn es gibt noch ein zweites, das mitten auf dem Hofe steht) eine zweimalige Verbeugung zu Ehren der Kaaba machen mußte. Dann schritt ich durch dies völlig freistehende Tor nach den »Fußstapfen des Abraham«, um daselbst meine Sprüche aufzusagen. Nun kamen zwei Diener der Moschee mit Krügen voll Wasser aus dem links von Abrahams Fußstapfen gelegenen Semsembrunnen und gaben uns von der heiligen Flüssigkeit zu trinken, wofür sie natürlich eine Vergütung erhielten. Dies Wasser, welches die wunderbarsten Eigenschaften besitzen soll, besitzt jedoch nicht die wichtigste Eigenschaft, genießbar oder verdaulich zu sein, sondern ist bitter und liegt schwer im Magen. Aber dem Semsembrunnen durfte mein Besuch noch nicht gelten, zuerst mußte ich den schwarzen Stein küssen und den Umlauf um die Kaaba machen. Wir näherten uns also der östlichen Ecke der Kaaba, wo sich der schwarze Stein eingemauert befindet. Konnte ich ihn anfangs wegen des dichten Gedränges davor überhaupt nicht sehen, so schien es auch ganz unmöglich, vor den ihn umlagernden und ihn küssenden Pilgerscharen zu ihm zu gelangen. Wie eine Mauer unbeweglich, so standen die Leiber dieser Hadschadsch da, von denen man nichts sah als die knochigen Schultern, die kahlen Scheitel und die schmutzigen Lumpen. Man fühlte freilich desto mehr; denn hier kommt das Ungeziefer aus der ganzen Welt zusammen, das beißende und stechende, das kriechende und hüpfende, und man ist völlig wehrlos dagegen.

Nachdem ich etwa eine Viertelstunde gewartet und das übliche Gebet meinem Metuaf bereits nachgesprochen hatte, fragte ich endlich ungeduldig, ob es denn kein Mittel gebe, um diese beharrlichen Pilger von ihrem Heiligtums wegzubringen. »O ja,« erwiderte Ssadak, »es gibt eine List, aber sie wird dich einen Rial (etwa zwei Mark) kosten.« Neugierig gab ich ihm den Rial, und nun ging er nach dem Semsembrunnen, erschien aber bald darauf wieder, und zwar in Gesellschaft von vier kräftigen Kerlen, die auf ein Zeichen von Ssadak begannen, mit der vollen Kraft ihrer Baßstimmen zu rufen:»O ihr Pilger, ein frommer Hadsch hat dem Heiligtum ein Opfer dargebracht, damit ihr alle vom Wasser des geweihten Brunnens umsonst trinken möchtet. Kommt herzu, ihr Pilger! Wer das heilige Wasser trinken will, der komme! Allah hat es euch gespendet!« – Diese List gelang vollkommen, denn die meisten Pilger waren arme Leute, die die schöne Gelegenheit, von dem heiligen Wasser umsonst zu trinken, natürlich nicht unbenutzt vorübergehen ließen, sondern in dichten Scharen zum Brunnen drängten. So kam ich, von den Hintenstehenden vorwärtsgeschoben, in die erste Reihe und befand mich nun in unmittelbarer Berührung mit dem Kernpunkt des größten Heiligtums des Islam. Dieser Stein selber ist ein Engel, der seit Erschaffung der Welt in der Kaaba ruht, bei der Zerstörung des Tempels durch die Sündflut in den Himmel geflogen und, als Abraham und sein Sohn Ismael den Tempel wieder aufbauten, vom Erzengel Dschibrail (Gabriel) wieder in seine Mauer eingefügt worden ist. Ursprünglich war er weiß wie Milch, aber vor Grauen über die Sünden der Menschheit hat er seine Farbe gewechselt und ist jetzt schwarz wie Tinte. Sicher ist, daß dieser Stein schon vor Mohammeds Zeiten göttliche Verehrung erfuhr, und daß Mohammed nicht wagte, ihn aus seiner Religion fernzuhalten; statt dessen küßte er selbst den Stein und erfand die obenerwähnten Geschichten von ihm.

Diesen berühmten Stein sah ich also jetzt dicht vor mir. Der Stein ist von schwarzbrauner Farbe, etwa zwanzig Zentimeter lang und fünfzehn Zentimeter hoch und besteht offenbar aus mehreren Stücken, die aber durch Kitt und durch einen soliden silbernen Rahmen zusammengehalten werden. Die Oberfläche des Steines ist durch das viele Küssen von schmutzigen Pilgerlippen und das Daranreiben ihrer Hände ganz poliert und mit einer glänzenden Fettkruste überzogen, so daß er jetzt fast wie schön polierter schwarzer oder schwarzbrauner Marmor aussieht.

So ekelhaft es mir auch vorkam, ich mußte doch auch dies schwarze Monstrum küssen, beide Hände daran reiben, ihn mit der Stirn, mit den Wangen und dem Kinn berühren und ein kurzes Gebet sprechen, das mir von Sfadak vorgesagt wurde. Dann küßten und rieben wir den Stein noch einmal und wanden uns dann aus dem erdrückenden Gewühl heraus, um nun sogleich den Umgang um die Kaaba auszuführen.

Der Weg geht dicht um das Haus herum; weiterhin aber führt auch ein Halbrund von zweiunddreißig vergoldeten Bronzesäulen, zwischen denen abends Lampen aufgehängt werden, um den Tempel herum. Unterwegs mußten natürlich an allen bemerkenswerten Stellen Gebete gesprochen werden, unter anderem auch an der Tür der Kaaba, die ungefähr sieben Fuß über dem Erdboden angebracht ist und mit einer Leiter erreicht wird. Aber sonderbarerweise gehört der Besuch des Heiligtumes selbst gar nicht zu den Pflichten des Pilgers, ja das Innere ist viel weniger heilig als der schwarze Stein und die übrigen Heiligtümer, und wird mehr aus Neugier, als aus Andacht besucht.

Abrahams Fußstapfen, von denen schon die Rede war, ist eine fabelhaft große Vertiefung, welche etwa zehn Fuß von der Kaaba sich in einem Tempel im Boden befindet und bei der Gelegenheit durch den Fuß Abrahams hervorgebracht wurde, als Abraham seinen Sohn Ismael opfern wollte. Die ungeheure Fußspur ist aber stets mit einem hölzernen Deckel, auf dem ein rotseidener Teppich liegt, bedeckt, und die Pilger dürfen auch nicht in die Kapelle hineingehen, sondern müssen draußen an einem Gitter stehenbleiben.

Nachdem wir von Heiligtum zu Heiligtum weitergeschritten und überall unsere Gebete verrichtet hatten, unter anderem auch einem Wallfahrtsort an der südlichen Seite der Kaaba, dem sogenannten weißen Stein, der aber grau aussieht und sich einer weit geringeren Verehrung erfreut als sein schwarzer Kollege, einen Besuch abgestattet hatten, kehrten wir nach vollendetem ersten Umgang zum schwarzen Stein zurück, den wir ebenso umlagert fanden, wie das erste Mal. Es müssen im ganzen sieben Umläufe gemacht werden, und zwar die ersten drei in schnellem, beinahe laufendem Schritte, die anderen vier mit gemessener, bedächtiger Langsamkeit. Erst als ich dies alles vollendet hatte, war ich frei und konnte dem heiligen Hause den Rücken wenden.

Ein glücklicher Zufall wollte es, daß ich die Kaaba das erste Mal so sehen sollte, wie sie wirklich ist, das heißt entblößt von der schwarzen Umhüllung, welche sie das ganze Jahr, mit Ausnahme von vierzehn Tagen, bedeckt. Die Kaaba ist während dieser Zeit »nackt«, und man kann ihre plumpen unregelmäßigen Bausteine, welche bald aufrecht, bald breit gestellt und mit einem groben Mörtel verbunden sind, in aller Muße betrachten. Hat sie ihre schwarzseidene Hülle um, so sieht sie viel stattlicher, aber auch viel düsterer, ich möchte sagen, grauenerregend aus. An diesen Schleier knüpft sich mancherlei Wunderglauben. Zuweilen gefällt es ihm, in Bewegung zu geraten, was freilich die gewöhnlichen Sterblichen dem Winde zuschreiben würden, aber nach Ansicht des Moslems sind es die siebenzigtausend Engel, welche im Tanz und Reigen mit ihren Flügelpaaren so heftige Bewegungen machen, daß der Schleier in Schwingung gerät. Bei einem solchen Ereignis gibt es dann unter den Pilgern eine gewaltige Erregung; aus voller Kehle schreien sie »Labik« und »Malakka« (die Engel) fallen auf ihr Angesicht nieder und beten, schluchzen und weinen. Sieben Wunder sind es, welche die Kaaba bewirkt und welche sie vor allen anderen irdischen Orten auszeichnet.

Erstes Wunder: Die Herzen aller Gläubigen werden von der Kaaba wie von einem Magnet angezogen.

Zweites Wunder: Die Kaaba bildet die Gebetsrichtung, welche jeder wahrhaft fromme Moslem ganz ohne sein Zutun richtig erkennt. (Die meisten helfen aber mit einem kleinen Kompaß, den sie immer bei sich führen, ein wenig nach.)

Drittes Wunder: Es ist unmöglich, die Kaaba und den schwarzen Stein zu zerstören (was freilich, wie die Geschichte erweist, schon zweimal geschehen ist.)

Viertes Wunder: Selbst die Vögel haben vor der Kaaba Ehrfurcht und vermeiden es, sich auf derselben niederzulassen. (Ein Wunder, von dessen Unrichtigkeit ich mich selbst überzeugt habe, denn ich sah eine der vielen Tauben, welche von den Pilgern gefüttert werden, auf der Kaaba sitzen.)

Fünftes Wunder: Die Kaaba kann, obgleich sie nur klein ist, dennoch unzählige Pilger zu gleicher Zeit aufnehmen, da die Engel sie nach Belieben vergrößern und verkleinern.

Sechstes Wunder: Jeder, der die Kaaba sieht, muß Tränen der Rührung vergießen. (Ein Wunder, das sich an mir nicht bestätigte.)

Siebentes Wunder: Die Heiligen kommen aus der anderen Welt, um ihre Umgänge um die Kaaba zu halten. (Was die Gespenster betrifft, so sieht man allerdings genug, aber es sind lebendige, nämlich die elenden, abgemagerten, halbverhungerten Bettler, die den Pilger mit schwacher, fast sterbender Stimme um Almosen anflehen.)

Früher haben in der Kaaba eine Menge Götzenbilder Aufnahme gefunden. Auch wurde Abrahams Statue darin aufgestellt, und eine Figur der Jungfrau Maria mit dem Jesuskinde auf dem Schoß befand sich darin; ferner auch eine Nachbildung der heiligen Taube, die Noah aus der Arche losgelassen hatte. Erst Mohammed machte diesem Götzendienst ein Ende und zertrümmerte die Standbilder mit eigener Hand.

Obgleich die Kaaba oft durch Krieg, Feuersbrunst und Wassersnot leiden mußte, so berichtet die Geschichte doch nur von einer einzigen *gänzlichen* Zerstörung des heiligen Hauses. Diese fand im Jahre 1626 unserer Zeitrechnung statt, als eine große Überschwemmung Mekka heimsuchte. Ein durch Wolkenbrüche angeschwollener Gießbach, der vom »Berg der Blumen« (**Dschebel Nur**) herniederstürzte, erfüllte im Nu den Moscheehof, ertränkte fünfhundert Pilger, welche gerade darin ihre Andacht verrichteten, und strömte mit solcher Gewalt weiter, daß er drei Seiten der Kaaba mit sich fortriß. Hierdurch war auch die vierte Wand so beschädigt worden, daß man nötig fand, auch sie niederzureißen, ehe man die neue Kaaba aufbauen konnte.

Nachdem ich unter Anleitung meines Metuaf die sieben Umgänge beendigt und alle an den einzelnen Stellen vorgeschriebenen Gebete ihm nachgesprochen hatte, führte mich Ssadak noch an den Semsembrunnen, dessen Gebäude ich noch nicht betreten hatte. Dieses Haus ist viereckig und sehr schwerfällig; durch eine kleine Tür gelangt man in das ganz mit Marmor ausgelegte Innere, wo man die vier bis fünf Fuß hohe Umfassungsmauer des Brunnens sieht, deren außerordentliche Dicke es erlaubt, daß sich die Tempeldiener, welche das Vorrecht des Wasserschöpfens besitzen, sich auf ihr aufhalten können. Diese Wasserschöpfer sind Nachkommen des Propheten und gelten vielfach als Heilige; sie verabreichen keinen Tropfen aus der Quelle, für den sie nicht bezahlt worden sind; jährlich erhalten sie große Summen von den Pilgern, um den Armen das Wasser umsonst zu reichen, was sie so wenig wie möglich tun.

Als ich von dem siebenmaligen Umgänge bis zum Hinsinken ermüdet, von den Sonnenstrahlen, denen ich mein nacktes Haupt und meinen beinahe nackten Körper über eine Stunde aussehen mußte, bis zum Fieber erhitzt, mit ausgetrockneter Kehle, durstend nach Wasser und lechzend nach Schatten, an den Semsembrunnen trat, da empfing mich unendlich wohltuend die kühlere Luft, welche den Raum des Gebäudes erfüllte. Ein junger stämmiger Mekkawi, wahrscheinlich ein angehender Heiliger, aber durchaus wie ein roher Bauer aussehend, stand gerade vor mir auf der Mauer, die den Ziehbrunnen umgibt, und fühlte wohl bei meinem hinfälligen Anblick Mitleid mit mir. Nachdem er mir eine beträchtliche Menge des gelobten, aber schlecht schmeckenden Wassers aus seinem Ledereimer zu trinken gegeben, wollte mir mein Mekkawi, durch mein Trinkgeld günstig gestimmt, noch eine besondere Freude machen. Er holte nämlich Eimer auf Eimer aus dem Ziehbrunnen hervor und schüttete mir ohne weiteres und ohne zu fragen einen nach dem anderen über den Kopf, so daß ich hier ein gründliches

Bad nahm, wodurch vielleicht verhindert wurde, daß ich Fieber oder den Sonnenstich bekam. Ich sah zwar, daß andere Pilger auch ein solches Sturzbad bekamen; aber ich bekam wenigstens zehn Eimer über den Kopf, während die anderen mit zwei zufrieden sein mußten. Was nicht ein zu gehöriger Zeit gespendetes Trinkgeld alles vermag!

Von der Entstehung dieses Brunnens erzählen sich die Moslems folgende Geschichte: Als Hagar, Abrahams Magd, ihrem Herrn ein kleines Söhnlein geboren hatte, nämlich den Sidma Smaïl (Ismael), da wurde sie auf Saras Geheiß aus dem Hause gestoßen, und der Engel Gabriel entführte sie und ihr Kind durch die Lüfte nach dem Tal von Mekka, wo damals weder eine Stadt lag, noch weit und breit ein Bächlein oder etwas Grünes zu erblicken war. Verzweifelt suchte die arme Hagar nach einer Quelle; aber alles Suchen war vergeblich, trotzdem sie den siebenmaligen Umgang um die Kaaba vollführte (die allerdings noch nicht existierte!) und siebenmal verzweifelt zwischen den Hügeln Ssafa und Marua auf und ab eilte. Als sie endlich zu ihrem am Boden liegenden Söhnchen zurückkehrte, bemerkte sie zu ihrem Erstaunen, daß zwischen den Beinen des Kindes ein Wasserstrahl hervorsprudelte, der gar kein Ende nehmen wollte. Sie hob ihr Söhnchen auf, und jetzt erst sah sie, daß eine Quelle aus dem Boden hervorsprang. O Wunder, o Glück! Die arme verstoßene Hagar hatte in der wasserlosen Wüste eine Quelle gefunden; und was für eine Quelle! keine andere als den hochberühmten Brunnen Semsem!

Natürlich hat das Semsemwasser viele wunderbare Eigenschaften. Die hauptsächlichsten sind folgende: Erstes Wunder: Das Semsemwasser nimmt niemals ab. Millionen können daraus trinken, nie wird man eine Abnahme seiner Wassermenge entdecken.

Zweites Wunder: Man kann vom Semsemwasser ohne Schaden so viel trinken, als man nur mit einem stets gefüllten Eimer den ganzen Tag in sich hineinzuschütten vermag.

Drittes Wunder: Das Semsemwasser heilt alle Krankheiten. Wird der Kranke nicht gesund, oder fällt es ihm gar ein zu sterben, so ist das keineswegs ein Beweis gegen die Heilkraft des Wassers, sondern nur davon, daß der Kranke noch nicht genug getrunken hat.

Viertes Wunder: Das Semsemwasser kann nicht zum Kochen oder Waschen von Kleidern verwendet werden; denn eine Menge von Geistern haust in diesem Wunderwasser, die zwar gewöhnlich sehr harmlos sind, sich aber in die schlimmsten Teufel verwandeln und dem Bösewicht, der das Semsemwasser siedend machen wollte, die boshaftesten Streiche spielen würden.

Nachdem ich mich am Semsembrunnen durch Trunk und Bad erfrischt hatte, setzte ich meinen Weg durch die Moschee in völlig triefendem Zustande fort. Übrigens war ich in einer Viertelstunde nach dem Bade wieder vollkommen trocken. Wir hatten noch ein paar kleine Heiligtümer zu besuchen, und dann war ich endlich frei. Wir gingen durch das Tor des Propheten hinaus und fanden uns bald in der schönen, großen Hauptstraße El Emsa, in welcher die Pilger, wie Hagar, das siebenmalige Rennen abhalten. Ich hätte diesen frommen Galopp nun eigentlich auch gleich zurücklegen müssen; da ich aber zu müde und angegriffen war, so entschuldigte ich mich durch Krankheit und gelobte für diese Sünde einen Hammel zu schlachten. Dann ging ich mit Ssadak nach dem Kaffeehause, wo mich Hassan erwartete, um mich in meine Herberge zu führen.

Kapitel 6. Mekka

Dies Kaffeehaus war zugleich ein Barbierladen. Die Kaffeewirte und Barbiere zeigen den angeborenen Stolz der Mekkaner, von denen einer mehr ist als zehn Fremde, und wenn sie nicht gerade unhöflich sind, so benehmen sie sich doch ganz so, als ob alles, was sie für die Fremden tun, nur Gnade wäre, die sie ihnen für gutes Geld gewähren: Es ist eine Gnade, rasiert zu werden, eine Gnade, wenn man eine Tasse Kaffee bekommt, eine Gnade, wenn ein Mekkaner mit einem Fremden spricht. Da ich bei meinem Eintritt in den Barbierladen die Vorsicht gebrauchte, einige Silberstücke in der Hand blinken zu lassen, so war der Besitzer gnädig genug, mir bald ein wenig Aufmerksamkeit zu schenken. Besonders gnädig schien er jedoch zu werden, als ihm mein Metuaf etwas über meine Person in die Ohren flüsterte. Es ist nämlich eine Sucht all dieser religiösen Lohndiener, die Personen, die sie begleiten, für sehr vornehme Herren auszugeben. Erst später sollte ich erfahren, für was mich meine beiden guten Leute ausgaben, nämlich für nichts Geringeres als den Pascha von Algier. Als »Prinz von Algier« brachten sie mich in der halben Stadt herum, und nur diesem Umstände ist es zuzuschreiben, daß mein Aufenthalt in Mekka plötzlich ein unerwartetes Ende nahm. – Da ich den Umgang um die Kaaba vollendet hatte, so konnte ich mich wieder rasieren, baden, kleiden, kurz den entsetzlichen Ihram ablegen und aufhören, wie ein wildes Tier, nackt und voll Schmutz und Ungeziefer herumzugehn; ich durfte wieder ein Mensch sein. Nachdem ich rasiert und gewaschen war, ließ ich von meinem Neger ein vollständiges Kostüm auspacken, ein bequemes algierisches Gewand, das mir, wie die beiden Schmeichler, Ssadak und Sohn, sagten, schön wie einem Pascha stand.

Nachdem ich mich durch eine zweistündige Rast im Kaffeehause von den Anstrengungen des Umganges um die Kaaba erholt hatte, ließ ich mich endlich von meinen Leuten zu meiner Herberge führen. Zuerst mußten wir wieder durch die breite Hauptstraße El Emsa. Aber das war nicht so leicht zu bewerkstelligen, denn eben hielten einige hundert Gläubige hier das fromme siebenmalige Rennen von einem Ende bis zum andern ab. Alle diese halbnackten, staub- und schmutzbedeckten, keuchenden, schwitzenden, stöhnenden Wesen, von der Sommerhitze, der ihr nackter Scheitel stundenlang ausgesetzt gewesen war, fieberhaft erhitzt, furchtbar ermüdet und aufgeregt zugleich, alle diese fast tobsüchtig gemachten Menschen rannten laut schreiend die Straße hinauf und dann wieder hinab. Wir mühten uns ernstlich, den wilden Rennern auszuweichen, aber plötzlich lag der arme Ali am Boden und die Hadschadsch schritten, liefen und rannten über ihn dahin, wobei er manchen Fußtritt abbekam. Nur mit Mühe gelang es uns, den armen Neger wieder aufzurichten. Aber dabei wäre es uns bald ebenso ergangen. Ein besonders wilder Pilger stieß uns so heftig an, daß wir alle drei zu Fall kamen; doch gelang es uns, rasch emporzukommen und Ali mit uns fortzuziehen. Der war nun freilich am ganzen Körper mit Beulen und blauen Mälern bedeckt, aber da die Fußtritte der diesen Lauf abhaltenden Pilger für heilig gelten, so war Ali bald getröstet.

Das Quartier, in dem meine Herberge lag, befand sich beinahe außerhalb der Stadt; so mußten wir die Straße El Emsa ganz zu Ende gehen, kamen dann durch eine sehr lange und wichtige Straße, die auf beiden Seiten von zwei Reihen Läden eingefaßt war, in welcher die Kleinhändler, Schneider und Seidenwirker saßen, und dann waren wir am nördlichen Ende von Mekka angelangt. Hier beginnt eine lange sandige Ebene, in welcher auf der einen Seite die Zisternen, auf der andern eine Menge hölzerne Buden liegen, in welchen sich liederliches Gesindel aufhält. Weiterhin liegen auf beiden Seiten des Pilgerweges, der hier durch nach dem Berge Arafa führt, noch einige Quartiere, und in einem derselben sollte ich auch meine Wohnung finden.

Als wir an die Tür dieses Hauses kamen, drang mir schon ein köstlicher Geruch von Speisen entgegen. Auch der Anblick des Wirtes war nicht weniger erfreulich, denn aus seinen fetten Wangen und seinem dicken Schmerbauch mußte ich auf eine nahrhafte Kost in seinem Hause schließen, und die war mir bei meinem ausgehungerten und heruntergekommenen Zustände sehr vonnöten. Hamdan, der Wirt, war zwar nach morgenländischen Begriffen ein wunderschöner, nämlich runder und fetter Mann, aber er sah auch wirklich nicht häßlich aus mit seinem regelmäßigen Gesicht, seinen großen braunen Augen und blendend weißen Zähnen. Nur eins verunstaltete sein Gesicht, das waren drei längliche Narben auf den Wangen; diese rühren von Einschnitten her, wie sie jeder Mekkaner bei seiner Geburt bekommt und auf die die Söhne der heiligen Stadt sehr stolz sind. Hamdan führte mich nach einer sehr höflichen Begrüßung in einen Saal zu ebener Erde, in welchem einige schöne Teppiche lagen, und diwanartige Erhöhungen sich längs den Wänden hinzogen. Obgleich ich sehr hungrig war, so mußte ich doch erst nach morgenländischer Sitte eine lange Unterhaltung über mich ergehen lassen.

Endlich wurde das Essen aufgetragen. Drei Neger brachten die Hauptschüsseln herein, deren eine mit Reis, eine mit Hammelfleisch, und eine andere mit einem unausstehlich süßen Gebäck gefüllt war, und setzten sie auf niedrige, hölzerne Gestelle gerade in die Mitte der Hungrigen. Erst ging es an den Pilaff, einen Turm von gesalzenem, stark gepfeffertem, in Butter gekochtem Reis, und zwar mit hölzernen Löffeln. Zwischendurch fuhr man mit der Hand in die Schüssel von Hammelfleisch und führte daraus ein Stück nach dem Munde. Zu gleicher Zeit brachte man uns kleine Nebenschüsseln, verzuckerten Rahm, eingemachte Aprikosen, Rosenkonfekt, welche von drei Knaben, den Söhnen unseres Wirts, dargeboten wurden, die den Männern nicht allein die Schüsseln dicht unter die Nase hielten, sondern ihnen mit den Händen den Mund füllten, wobei sie allerlei Mutwillen trieben und ihnen die Nase und die Backen mit Rahm und süßem Brei beschmierten. Soweit ging das Essen noch ziemlich würdig und anständig vor sich. Als aber das süße Gebäck an die Reihe kam, so fuhren die Männer mit wahrer Gier mit beiden Händen, ich möchte sagen bis an die Ellenbogen in die Schüssel, und da nun das Gebäck darin nach arabischer Sitte in einer Brühe von Honig und flüssiger Butter schwamm, so platschte und spritzte diese Flüssigkeit nach allen Seiten auseinander, den Essenden über Gesicht, Turban und Kleidung. Ehe ich mich von diesem übeln Anblick zurückziehen konnte, hatte ich auch von der fettigen Flüssigkeit eine Menge Flecken bekommen, so daß ich gleich ein anderes Gewand anziehen mußte. Die anderen Essenden störte der Schmutz aber gar nicht, sie behielten die fettigen Kleider noch wochenlang an und besudelten sie täglich aufs neue.

Ein junger Negersklave führte mich nun in ein kleines Zimmer, das der Wirt mir wegen meines angeblichen hohen Ranges eingeräumt hatte. Es war sehr klein, aber sah doch ganz hübsch und sogar wohnlich aus. Es war auf drei Seiten anstatt der Tapeten mit ganz gewöhnlichem Kattun behängt, an der vierten lag eine große hölzerne Tür. Möbel waren nicht darin, aber ich hatte ja Sachen genug, um es ganz auszufüllen. Plötzlich bekam ich Besuch, der mir die wahre Bedeutung meiner Stube anzeigen sollte. Der Besuch bestand in einem schönen Kalkuttahahn, der plötzlich unter dem Kattun zum Vorschein kam und sein lautes Kikeriki dicht neben meinem Ohr ertönen ließ. Dem Hahn folgte ein ganzes Heer von Federvieh, das sich hier in seinem eigenen Zimmer sehr wohl fühlte und dem »Prinzen von Algier« durchaus nicht Platz machen wollte. Also in einen Hühnerstall hatte man mich einquartiert! Voller Zorn stürmte ich nach unten und stellte Hamdan zur Rede, und der Wirt führte mich, um mich zu beruhigen, nun auch schnell in ein anderes ziemlich hübsches und sogar etwas möbliertes Zimmer im ersten Stock, und hier richtete ich mich. nun häuslich ein. –

Die nächsten Tage benutzte ich zu Spaziergängen, um die Stadt recht kennen zu lernen. – Als ich einmal so recht gemütlich durch eine mit Kaufläden besetzte Straße schlich, hörte ich mich plötzlich beim Namen nennen. –»O Abd-er-Rahmann!«, so rief eine Stimme, die offenbar aus dem Boden hervorkam, »wie freut es mich, dich zu sehen.« – Ich sah mich um, konnte aber lange nicht entdecken, woher die Stimme kam. Endlich gewahrte ich im tiefsten Erdgeschoß eines Hauses, welches durch davorstehende Buden beinahe ganz verdeckt war, meinen Reisegefährten, den dicken Haggi Omar. Ich stieg zu ihm nieder, und bald befand ich mich in einem syrischen Zuckerbäckerladen, in dem ich außer Omar und vielen fremden Menschen auch Schich Mustapha und seine drei Neffen antraf. Die ganze Gesellschaft war eben eifrig beschäftigt, kleine Teller voll eines süßen Gerichts, Mochalebi genannt, leer zu essen. Der Mochalebi ist eine Art Brei, welcher aus Reismehl und Milch bereitet, stark verzuckert und mit Zimmt, Ingwer und anderen Gewürzen bestreut wird. Der arme Schich Mustapha war leider nicht mehr der alte; die Anstrengungen der Pilgerfahrt hatten ihn stark mitgenommen, ein unaufhörlicher Durchfall, an dem er infolge der Ihrambekleidung und einer dadurch verursachten Erkältung litt, hatte ihn so heruntergebracht, daß er sich dem Tode nahe fühlte. Der arme Mann erwiderte auf meine Frage, wie es ihm ginge: »O mein Bruder, ich sehe, daß es mit mir sich zum Ende neigt. Gott gebe nur noch, daß ich den Tag der Pilgerfahrt nach dem heiligen Berge Arafa erlebe; auf Arafa zu sterben, das ist jetzt noch der einzige Wunsch meines Herzens.« – Ich war innig gerührt über den elenden Instand des guten alten Mannes; auch die übrigen Anwesenden schienen gerührt zu sein, trösteten ihn aber in ihrer dummen mohammedanischen Weise, indem sie ihm die wichtige Mitteilung machten, daß er nur in dem Falle bald sterben werde, wenn sein Leben von Gott »kurzberechnet« wäre.

Von dieser Zuckerbäckerbude wandte ich mich, in Begleitung eines der Neffen, nach dem großen Markt, um den Beduinen zuzusehen, die dort mit den Erzeugnissen ihrer Heimat Handel trieben. Da wandelten sie, die freien Söhne der arabischen Ebenen, Wüsten und Berge, von keinem Herrscher unterjocht, wild und kühn, männlich und stolz, trotz ihrer Armut und ihres beschwerlichen Lebens. Jeden Schmuck verschmähen sie als weibisch, sie hüllen sich in weite leinene oder baumwollene, kaum genähte Gewänder von meist blauer Farbe. Ein einfaches baumwollenes Ärmelhemd, ein grober wollener Mantel darüber geworfen, das war alles, was sie bedeckte. An den Füßen verschmähten viele von ihnen irgend etwas, selbst die dünnsten Sandalen zu tragen. Auch ihr Haupt war völlig nackt, und das lange, niemals geschnittene Haar hing in zottigen Massen wild auf die mageren Schultern hernieder. Leider werden diese langen Haare sehr unreinlich gehalten, mit dem unreinlichsten Wasser gewaschen, manchmal mit Butter eingesalbt, und außerdem sind sie voll Staub und Schmutz und bilden wahre kleine Wälder, in denen es von lebendigen Wesen wimmelt. Man rühmt an den Beduinen noch heute die Tugend der Gastfreundschaft und die Heilighaltung des Salzrechtes, nach dem sie denjenigen, der mit ihnen das Salz gekostet hat, solange er in ihrem Gebiete weilt, nie verfolgen, möge er auch sonst ihr bitterster Feind sein. Auf dem Markte sah ich nur Kamele, Kühe, Maulesel, Esel und Schafe; Pferde wurden nicht zum Verkaufe geboten, denn der Hedschas ist kein Pferdeland, und in Mekka haben nur der Großscheriff und einige der angesehensten Leute Reitpferde. Arabische Pferde gibt es eigentlich nur im Nedsched, das zwar gute, ja die besten Pferde der Welt, aber doch nicht viele Pferde erzieht. Einer der Beduinen, mit denen Ssadak befreundet zu sein vorgab, lud mich ein, ihn in seiner Heimat zu besuchen. Aber das konnte ich leider nicht ausführen, denn einmal war der Weg sehr unsicher, und dann würde ich bei diesen guten Leuten beinahe Hungers gestorben sein, da sie im Sommer so gut wie nichts zu leben haben und es sie doch beleidigt hätte, wenn ich mich selbst mit Lebensmitteln versorgt hätte. Ein Beduine bedarf täglich kaum eines halben Pfundes an Lebensmitteln, um seinen kleinen, spindeldürren, dünnknochigen Körper leidlich kräftig zu erhalten. Auch schlafen diese Leute nur wenig und unregelmäßig; sie setzen sich im Winter in ihren dünnen leinenen Gewändern der Kälte, im Sommer mit ihrem unbedeckten Haupte den glühenden Sonnenstrahlen sorglos aus. Eine Zeitlang könnte ein Europäer dieses Leben wohl mitmachen; ich zweifle aber, ob es ihm auf die Dauer gelingen wird, sich bei den Beduinen ganz einzugewöhnen.

Am Abend des vierten Tages, seit meiner Ankunft in der heiligen Stadt, führte mich mein Metuaf, Ssadak ben Hanifa, noch einmal zur Moschee, der man, wie es die Pflicht eines jeden guten Gläubigen verlangt, auch einen Abendbesuch machen muß. An Straßenbeleuchtung ist natürlich nicht zu denken, und so mußten mir Ssadak und sein Sohn auf dem nächtlichen Wege mit einer Laterne notdürftig voranleuchten. Alles war still zwischen den dunklen Massen der Häuser. Nur hier und da hörte man den Tritt eines Pilgers, der, wie ich, von einem Laternenträger begleitet, die Moschee aufsuchte. Wie Geister, in den weißen Ihram gehüllt, so tauchten diese Pilger, je mehr wir uns der Moschee näherten, immer häufiger aus dem Nachtdunkel auf, bald aus einem Tore, bald ans einer dunklen Nebenstraße hervortretend. Durch das geheiligte Tor der Propheten traten wir nun in den Moscheehof ein. Ein überraschender, ja wundervoller Anblick erwartete uns heute. Unzählige kleine Öllämpchen erhellten die Kaaba und die Heiligtümer, die sie umgaben, gerade genug, um sie gewahren, nicht aber genug, um sie völlig deutlich sehen zu können, und so konnte man sich in diesem Halbdunkel noch alles viel schöner ausmalen, als es in Wahrheit beschaffen war. Die dunkle Masse der Kaaba lag da wie ein von bösen Geistern bewohntes Riesenschloß. Rundherum schwärmte im Lichte der tausend und abertausend Lämpchen die unzählige Menge halbnackter Pilger, welche die Heiligtümer umwandelte und in frommer Begeisterung an Mund und Herz drückte. Rund um diese Oase von Licht und Leben, in deren Mitte sich das dunkle Heiligtum der Kaaba erhob, dehnte sich der weite Hof wie eine Wüste aus, anfangs noch ein wenig erhellt, weiterhin in völligem Dunkel liegend, bis er wieder begrenzt wurde durch das Viereck des Säulenumgangs, das ebenfalls mit einer Unzahl von Lämpchen matt erleuchtet wurde. Außer den Pilgern, welche in frommer Absicht hierhergekommen waren, umschwärmten den Tempel auch zahlreiche Metuafin (religiöse Lohnbedienstete), deren es tausend in Mekka geben soll und die dem Pilger bei Tag und Nacht keine Ruhe lassen, bis er einem von ihnen in die Hände gefallen ist. Da der Raum um die Kaaba voll von sich drängenden und stoßenden Pilgern war, so wandte ich mich bald wieder dem Säulenumgang zu. Auch hier waren überall Menschen, die in dem matten Licht der Öllämpchen Geistern glichen, die in einem verfallenen Klosterhof ihr nächtliches Wesen treiben. Hier lehnte ein weißgekleideter Pilger an einer Marmorsäule, so unbeweglich, als sei er selber ein weißer Stein; dort ruhte am Fuße eines Pfeilers ein schwacher, hinfälliger, sterbender Hadsch, der sich in die Moschee hatte tragen lassen, um an heiliger Stätte seinen Geist auszuhauchen. Aber auch allerlei männliches und weibliches Gesindel trieb sich zwischen den Pilgern herum, um sich im Schutze der Dunkelheit mit ihnen über Schlechtigkeiten zu bereden. Hier und da wurde auch eine Leiche im Moscheehofe dahergetragen, da mancher Sterbende nicht Zeit gehabt hatte, sich im letzten Augenblick in den Tempel bringen zu lassen und auf seinem Totenbette befahl, seinen leblosen Körper den Umgang um die Kaaba machen zu lassen, den er selbst nicht mehr zurücklegen konnte. – Bis nach Mitternacht verweilten wir in der Moschee, um wieder eine ganze Menge langweiliger Gebetsübungen zu verrichten; dann begaben wir uns in unsere Behausung zurück.

Inzwischen war der zweite Pilgermonat, Du el Kada, zu seinem Ende gekommen; nun brach der dritte und letzte Pilgermonat, Du el Hödscha, das heißt der »Herr der Pilgerfahrt«, an. Da am 1. Du el Hödscha die Ankunft der großen Pilgerkarawane aus Bagdad und am zweiten die Karawane der syrischen Hadschadsch erwartet wurde, so mußte ich noch kurz vorher zwei der notwendigen Pflichten eines Pilgers erfüllen, nämlich den Lauf zwischen Ssafa und Merua und die Wallfahrt nach Omra (die sogenannte kleine Wallfahrt).

Am nächsten Morgen um 6 Uhr legte ich daher die Umschlagetücher wieder an und folgte meinem Metuaf in die große Hauptstraße von Mekka, die schon erwähnte El Emsa, in der das fromme Rennen stattfindet. Wir durchschritten diese Straße in ihrer vollen Länge bis zu ihrem östlichen Ende. Dort erhebt sich die Säule Eß Ssafa, die ungefähr die Form eines alten christlichen Altars hat, zu dem man auf drei Stufen hinaufschreitet. Als ich die höchste Stufe erreicht hatte, wandte ich, auf Ssadaks Aufforderung, das Gesicht nach Westen der Moschee zu (die jedoch vor den Häusern der Straße nicht zu sehen war), streckte meine Arme gen Himmel aus und sprach das vorgesprochene Gebet nach. Hierauf begann ich den Lauf, die Hauptstraße entlang bis zu der Säule El Merua am anderen Ende, streng nach der Vorschrift teils laufend, teils rennend. Diese sogenannte Säule hat auch das Aussehen eines rohen steinernen Altars. Vier große Stufen führen hinauf, oben spricht man sein Gebet, und dann beginnt der Rücklauf. Ist man an der ersten Säule wieder angekommen, so hat man den ersten Lauf beendigt, und erst nach sieben Läufen ist die ganze heilige Handlung beendigt. Während des Laufens müssen beständig Lobsprüche und Glaubensformeln hergesagt werden, wie »Allahu akbar« (Gott ist groß) und ähnliche.

Dieser Lauf findet zum Andenken an Hagar, Abrahams Magd, statt, welche, wie schon erzählt, siebenmal hier herumirrte, ehe sie den Brunnen Semsem fand. Er bietet einen ganz eigentümlichen Anblick dar. Man sieht nichts als halbnackte Gestalten, welche in wahnsinniger Begeisterung die Straße auf und ab rennen, dicht gefolgt von ihrem Schatten und unzertrennlichen Begleiter, dem Metuaf. Während die Pilger vor Eifer und Leidenschaft verzerrte Mienen zeigen, spricht aus dem Gesicht der Führer nur reine Geldgier. Ist die Pilgerzeit vorbei, dann beginnt die Zeit der Lustbarkeiten für die religiösen Lohndiener, und dabei wissen sie nichts Lustigeres zu erzählen als die Listen, mit denen sie die dummen Pilger übertölpelt und ihnen ihr Geld abgeschwindelt haben.

Von der Säule Eß Ssafa begab ich mich ungesäumt auf die Wallfahrt nach Omra. Der Weg dorthin mag etwa drei Viertel einer deutschen Meile betragen; wir legten ihn aber auf zwei flinken kleinen Eselchen bald zurück. Der Weg führte durch eine sandige, fast völlig kahle Ebene; bei einem großen Haufen unordentlich aufgetürmter Steine machten wir Halt, um dem gottlosen Oheim des Propheten, Abu Lahab, und der ebenso gottlosen Tante, die hier begraben liegen, unter schrecklichen Verwünschungen ein paar Steine aufs Grab zu werfen, und erreichten bald die kleine Kapelle El Omra, wo wir unsere Gebete zu verrichten hatten. Die Kapelle war aber mit Hadschadsch förmlich gestopft und der Boden mit frommen Betern wie gepflastert, so daß wir, wollten wir nicht erdrückt werden, unsere Gebete rasch beendigen mußten. Unter Lobgesängen und beständigem »Labikrufen« kehrten wir dann auf unseren kleinen Eseln reitend nach Mekka zurück.

Am ersten Tage des Monats Du el Hödscha langte die Pilgerkarawane aus Bagdad an und am folgenden die aus Damaskus, und während die erstere nur fünfzehnhundert Pilger zählen mochte, zählte die letztere nicht ganz viertausend. Diese, welche die größte aller noch bestehenden Pilgerkarawanen ist und von einem türkischen Pascha kommandiert wird, wurde von dem Großscheriff von Mekka mit seinen Söhnen und zahlreichen Begleitern aufs Feierlichste eingeholt. Ich ging am Nachmittag mit Ssadak und Sohn vor die Stadt, um der Ankunft dieser Karawane beizuwohnen. Unser Weg führte uns an dem großen Friedhof von Mekka vorbei auf den Lagerplatz, auf dem die syrischen Pilger ihre Zelte aufzuschlagen pflegen. Viele Bürger von Mekka waren am Morgen hinausgezogen, um die Karawane im Triumph einzuholen. Voran ritt der Großscheriff von Mekka, ein stattlicher, alter Mann, mit seinen vier Söhnen, edle, würdige Gestalten, auf den schönsten arabischen Pferden sitzend, in reiche, seidene Gewänder gekleidet, mit Kaschmirschärpen und Kaschmirturbanen umschlungen. Dem Großscheriff zur Seite ritt der Pascha von Damaskus, ebenfalls auf einem Araberpferde; aber der Türke mit seinem langweiligen Gesicht und seinem runden Schmerbauch sah doch neben den mageren aber sehnigen Arabern nicht sehr würdig aus. Es war mir sehr auffallend, daß der Pascha bei dieser Gelegenheit eine Uniform trug, eine reiche, goldgestickte Uniform mit einem Diamantorden auf der Brust, während es doch sonst Sitte ist, daß jeder Moslem, einerlei ob hoch oder niedrig, vor seiner Ankunft in Mekka den Ihram trägt. Auch sah ich deutlich, welches Mißfallen diese Ungehörigkeit bei den ersten Arabern erregte und wie sie mit dem Ausdruck der Verachtung auf die Uniform blickten. Zu sagen wagten sie natürlich nichts, denn der Türke war ja ihr Beherrscher. Hinter dem Pascha folgte eine Menge vornehmer Türken, und dann kam das Kunterbunt der syrischen Pilgerscharen. Hier wurde eine Sänfte zwischen zwei Kamelen getragen, in der ein feister, rauchender Türke saß; dort eine andere, in der, kaum erkennbar, in den langen, undurchdringlichen Ihram der Frauen gehüllte Türkinnen saßen. Daneben gingen zu Fuße arme, hinfällige Leute aus Syrien, denen man die Mühen der Pilgerfahrt nur zu deutlich ansehen konnte. Ihnen folgten hoch zu Kamel syrische Beduinen, stolze, kräftige Gestalten mit schwarzen, blitzenden Augen und dichten, vollen Bärten. Dann kamen auf bescheidenen Eseln reitend friedliche Kaufleute, von ihren Warenballen begleitet, die sie auf der großen Reise zu Geld zu machen hofften. Am diese Pilgerscharen herum ritten in kühnen Schwenkungen ihrer edlen Nedschedpferde wilde Beduinen aus Arabien, welche die kriegerische Bewachung der Karawane bildeten.

Alle Pilger waren im Ihram mit der einzigen Ausnahme des Pascha, der vielleicht zu faul dazu war und lieber durch das Opfern eines Hammels büßen mochte. Bei der Wallfahrt nach Arafa sah ich sogar, daß viele türkische Soldaten am Fuße des heiligen Berges in voller Uniform herumliefen, an einem Tage und an einem Orte, da doch selbst der unheiligste Araber das Pilgergewand anlegt. Deshalb sehen die Araber die Türken überhaupt und die türkischen Soldaten im besonderen mit unendlicher Verachtung an.

Viele Pilger schlugen ihre Zelte auf dem für sie bestimmten Lagerplatze auf, andere aber suchten in der Stadt Quartier, so daß die Mieten rasch um das Doppelte und Dreifache in die Höhe stiegen, und mancher fromme Hadsch, der nicht so viel zahlen konnte, auf die Straße geworfen wurde.

So wäre es auch mir bald ergangen. – Als ich von meinem Ausfluge wieder zurückkehrte, fand ich zu meinem großen Erstaunen mein Zimmer geputzt und gekehrt, was sonst nie vorkam, all mein Gepäck in eine Ecke geschoben, ja meinen guten Ali fand ich bereits an die frische Luft gesetzt, und mich selbst wollten Hamdans Sklaven nicht mehr in mein Zimmer hineinlassen. Der Lärm, der sich darüber erhob, lockte endlich den dicken Hamdan selbst herbei, welcher, von einer Schar syrischer Pilger begleitet, langsam und schwerfällig die Treppe heraufstieg. Und was für einer Schar! Sie bestand aus acht erwachsenen Syrern, schmutzigen, halbnackten Kerlen in verwahrlosten Pilgertüchern, aus einem halben Dutzend Knaben und aus vier Negersklaven. Dieser ganze Schwarm ergoß sich nun in mein kleines Zimmer, in dem eigentlich nur für mich und Ali bequem Platz war, und in welchem diese zwanzig Leute aufrecht stehen mußten, wenn sie sich überhaupt darin aufhalten wollten. Dennoch besaßen diese Syrer die unglaubliche Frechheit, zu zwanzig dieses kleine Zimmer bewohnen zu wollen, aus dem ich natürlich hinausgeworfen werden sollte. Hamdan zeigte mir denn auch ein gänzlich verändertes Wesen und, während er mich sonst mit tiefen Salamaleks grüßte, tat er jetzt, als merke er meine Anwesenheit kaum. Ich war aber fest entschlossen, mein Zimmer zu behaupten, rief Hamdan beiseite und eröffnete ihm mit vorwurfsvollen Worten, daß ich bereit sei, ihm täglich einen halben Rial mehr zu zahlen, als diese zwanzig Syrer zusammen geboten hätten. Da veränderte sich auf einmal sein Wesen, und mit der alten Achtung und Zärtlichkeit sprach er zu mir: »O mein Bruder! fürwahr, du mußt der Sohn eines Königs sein, um so glänzende Ausgaben machen zu können!« Jetzt mußte ich, noch dazu für drei Tage im voraus, statt, wie bisher einen halben Rial zwei und einen halben Rial für das Zimmer bezahlen, nach muselmännischen Begriffen wirklich einen ganz ungeheuren Preis, für den man in Kairo oder Damaskus ein ganzes Haus für einen Monat mieten konnte. Die Syrer wurden nun in dem mir wohl bekannten Hühnerstall einquartiert, während ich mein Zimmer mit einer doppelten Lage von Insektenpulver bestreute, denn die frommen Hadschadsch hatten eine sehr zahlreiche Bevölkerung mit sich gebracht.

Am 4. Du el Hödscha gab ich im Hause meines Wirtes ein großes Gastmahl, wobei die beiden Schafe verzehrt wurden, welche ich als Opfer dafür bringen mußte, daß ich den heiligen Lauf nicht gleich nach der Beendigung des Umgangs um die Kaaba am Tage meiner Ankunft in Mekka zurückgelegt hatte. Außer den Insassen des Hauses Hamdans hatte ich auch noch meine ägyptischen Freunde eingeladen, mit welchen ich verabredete, die Pilgerfahrt nach Arafa gemeinschaftlich anzutreten.

Kapitel 7. Der heilige Berg

Inzwischen war der heilige Tag nahe herangekommen, der alle Pilger auf dem Berge der Erkenntnis (Arafa) versammeln und uns den heiligen Titel Hadsch (Pilger) verleihen sollte, welchen man nur an diesem Tage und nur auf diesem Berge sich erringen kann und der die Krone der ganzen Pilgerfahrt ist.

Am Nachmittag des siebenten Tages des Monats Du el Hödscha war alles Leben und Regsamkeit in den Straßen von Mekka. Unzählige Scharen von Pilgern zogen nach der Moschee, um sich dort zur Pilgerfahrt nach Arafa zu sammeln und ihre letzten Andachtsübungen für diesen wichtigen Weg abzuhalten. Ich begab mich ebenfalls, begleitet von den beiden Ssadak, von Ali, von Schich Mustapha, der von seinen drei Neffen mehr getragen als geführt wurde, und dem dicken Haggi Omar, welche mich alle im Hause Hamdans abgeholt hatten, nach dem dicht mit Pilgern gefüllten Tempel. Hier warteten wir unter Andachtsübungen bis eine Stunde vor Sonnenuntergang. Dann verließen wir den Tempel und zogen durch ein paar Straßen nach einer sandigen Ebene im Norden der Stadt. Hier beginnt der Pilgerweg, dessen Länge drei deutsche Meilen beträgt, den man aber oft erst nach zwölf Stunden zurücklegt.

Eben hatte sich dort die syrische Pilgerkarawane in Bewegung gesetzt. An der Spitze schritt das geheiligte Kamel, welches die sogenannte Fahne des Propheten trug, die aber einstweilen noch in einem Futteral eingeschlossen war; ihm folgten zuerst die Würdenträger, dann die große Masse der Pilger. Die reicheren Pilger, der Pascha, der Großscheriff, welcher jedesmal die Pilgerfahrt mitmacht, die wohlhabenden Bürger und die feinen Frauen saßen in Sänften, welche je von zwei Kamelen, deren eines vor, das andere hinter der Sänfte ging, getragen wurden und mitunter, namentlich die der Frauen, reich verziert waren. Die Kamele, welche die Frauen trugen, waren ebenfalls geschmückt und geziert, einige trugen rote Federbüsche, andere kleine Halbmonde von Silber. Die weniger reichen Pilger saßen in kleineren Sänften, welche auf dem Rücken je eines Kameles befestigt waren; sie schaukelten lustig hin und her, und die darin sitzenden Pilger mögen gewiß gründliche Bekanntschaft mit der Seekrankheit gemacht haben. Manchmal trug auch ein einziges Kamel zwei Sänften, eine auf jeder Seite, doch wird diese Art als gefährlich angesehen, und ich war selbst Zeuge davon, daß zwei so aneinander befestigte Sänften fielen und die in ihnen sitzenden Pilgerinnen, zwei alte Frauen aus Damaskus, von der nachfolgenden Karawane beinahe zu Tode getreten wurden. Diesen reicheren Pilgern folgten die ärmeren Hadschadsch, zum Teil auf kleinen, in Mekka gemieteten Eselchen, zum größeren Teil jedoch zu Fuß, und zwar nicht wenige auf ihren nackten Fußsohlen. Dieser ganze wirre Haufe aber wurde von Beduinen auf Pferden, größtenteils aber auf Kamelen sitzend, umschwärmt, und sie erfreuten das Auge besonders durch ihr stattliches Aussehen und ihre leichte Beweglichkeit.

Mit meiner ägyptischen Gesellschaft und der wie Kletten an mir klebenden Familie Ssadak schloß ich mich der syrischen Karawane an. Wir saßen alle auf kleinen Eselchen, mit Ausnahme von zwei der Neffen des Schich Mustapha, welche neben diesem nun ganz hinfällig gewordenen Greise einhergingen und ihn auf seinem kleinen Esel aufrecht hielten, denn der Arme war bereits wie sterbend und so schwach, daß er gewiß, ohne die Hilfe seiner Neffen, vom Tiere gefallen wäre. Aber er hatte es sich nicht nehmen lassen, die fromme Wallfahrt trotz Krankheit und Hinfälligkeit anzutreten.

Gleich an dem nördlichen Ende der heiligen Stadt beginnt eine große sandige Ebene, durch welche sich der Mekkakanal windet, der die Stadt mit reichlichem, aber ziemlich schlechtem Wasser, welches man nicht zum Trinken gebraucht, versieht. Neben ihm zieht sich, fast immer parallel mit demselben, die Pilgerstraße hin. Zuerst führt diese zwischen zwei großen Zisternen hin; dann läßt man links den großen Friedhof von Mekka liegen, welcher einen wahren Wald von riesigen Zypressen bildet, denn über jedem Grabe pflegen die Araber einen solchen Baum zu pflanzen, der zwar nicht gepflegt, aber auch nicht beschädigt wird und so mit der Zeit beträchtlich in die Höhe wächst. Dem Friedhof gegenüber liegt ein großer Palast des Scheriffs; diesem wieder schräg gegenüber die große türkische Kaserne, von welcher sich die meisten Soldaten eben anschickten, die Pilgerfahrt mitzumachen und im Kasernenhofe, mit den beiden Tüchern des Ihram bekleidet, bereit standen, um sich der Karawane anzuschließen. Nach der Kaserne kamen wir an eine letzte Vorstadt von Mekka, die aus kleinen Häusern und Reiserhütten besteht, in denen vielfach Beduinenweiber den Pilgern Brot, Butter und Obst feilbieten. Bei dieser Vorstadt trennt sich die große Hauptstraße in zwei Teile; nach Osten zieht sich der Pilgerweg, der zum heiligen Berge führt, nach Norden geht es nach Medina und Syrien. Am äußersten Ende der Vorstadt sehen wir noch einmal einen Palast des Großscheriffs liegen, wohl den zwanzigsten, den ich seit meiner Ankunft in Mekka gesehen hatte. Diesem Hause gegenüber befand sich jetzt gerade das Lager der ägyptischen Pilger. Die ägyptische Karawane ist zwar nur klein, da die meisten Ägypter die Seereise der beschwerlichen Landreise vorziehen; aber sie hat doch eine gewisse Wichtigkeit, weil auch mit ihr jedesmal ein geheiligtes Kamel (also das zweite) nach Mekka kommt und die Geschenke des Sultans für die Kaaba, unter anderem auch den schwarzen Schleier des heiligen Hauses, trägt. Dieses geheiligte Kamel wurde von unzähligen Pilgerkehlen mit lautem Labikrufen begrüßt und dann neben seinen syrischen Gefährten an die Spitze des ganzen Pilgerzuges gebracht.

Unterdessen war es völlig Nacht geworden. Da wir aber noch ein paar Stunden Mondschein hatten, so konnte ich doch wenigstens einigermaßen die Gegend erkennen. – Während der ersten zwei Stunden kamen wir durch ein ziemlich weites Tal, das so gut wie gar nicht bewachsen war; unermeßlich streckte sich die Wüste hin, aus der nur hier und da ein Baum wie träumerisch in die Lüfte ragte. Dann kamen wir in ein Tal, welches sich allmählich verengte und zuletzt hohe, steile Felsenwände bekam und zu einer wirklichen Schlucht wurde. Hier erlitt der Pilgerzug einen großen Aufenthalt, da nun alle Hadschadsch, zwei und zwei, ja an einzelnen Stellen einer nach dem andern, hintereinander folgen mußten. In dieser Schlucht liegt das für heilig erachtete Dorf El Menaa, das mit lautem Geschrei begrüßt wurde. Der Ruf »Labik« hallte donnernd von allen Steinwänden nieder und schallte weit und breit durch das ganze Tal hindurch.

Ungefähr um 5 Uhr morgens, nachdem wir die ganze Nacht unter vielen Stockungen zwar langsam, aber doch immer vorwärts gekommen waren, traten wir aus der Felsenschlucht hervor und sahen, da es nun Tag geworden war, die Ebene am Fuße des Berges Arafa in voller Deutlichkeit vor uns liegen. Diese Ebene war eine Wüste, in der nichts zu wachsen schien, nicht einmal die trockene Distel, eine Wüste voll von Steinen und Steingeröll, aus der sich der niedrige Hügel des Arafa, eine beinahe völlig kahle Felsenmasse, trostlos erhob, es war eine Wüste, so schaurig und traurig, wie ich sie nur je gesehen hatte.

Die meisten Pilger hatten, als wir ankamen, bereits ihre Zelte errichtet, so daß wir nun in eine höchst belebte Lagerstadt unseren Einzug hielten. Viele Pilger waren schon am vorhergehenden Tage angekommen und hatten die Nacht entweder in ihren eigenen Zelten oder in den zahlreichen Kaffeebuden und Reiserhütten, welche die Mekkaner hier errichten, zugebracht. Zwischen den Zelten lagerten unzählige Kamele, Maultiere und Esel, von malerisch zerlumpten Beduinen bewacht. Hier und da schimmerte leuchtend beim Schein der Morgensonne der goldene Halbmond auf dem Zelte eines reichen Mekkaners, welches von roten und gelben Stoffen gefertigt und mit vielen bunten Verzierungen ausgeschmückt war. Im Osten war das eigentliche Militärlager, aus dem sich die grünen Zelte des Großscheriffs und der Würdenträger, von Fahnen und Standarten umragt, erhoben. Hier hatten auch die heiligen Kamele ihren Ruheplatz gefunden, und die von ihnen getragenen Fahnen entfalteten majestätisch ihre grüne Seide unter dem Hauch des Ostwindes. Im ganzen mochten wohl dreißigtausend Pilger da sein, von denen höchstens der vierte Teil sich ruhebedürftig in die Zelte zurückzog, während die übrigen zwischen den Buden und Zelten herumschwärmten. Hier konnte man alle möglichen Waren kaufen, man mußte freilich den zehnfachen Preis bezahlen; hier waren unzählige Kaffeebuden und Barbierstuben; hier gab es aber auch Buden, in denen heimlich geistige Getränke verkauft wurden oder Haschisch geraucht wurde; hier trieb sich auch wieder eine Unmenge schlechten Gesindels herum; hier gab es aber auch eine Menge zu sehen, so daß wir den ganzen Tag über keinen Augenblick über Langeweile zu klagen brauchten. Bald sahen wir den gefährlichen Spielen indischer Gaukler zu, die sich, scheinbar, selbst Messer ins Auge und Dolche in den Bauch rannten; bald sahen wir einem Schlangenbändiger zu, der sich von Giftschlangen beißen ließ und sie dann selbst verzehrte. Hier lauschten wir einer arabischen Musikbande, die auf Flöten und Trommeln Lärm machte; dort hörten wir dem frommen Gesang einer sehr unheiligen Tänzerin zu; dann besuchten wir das Beduinenlager und lauschten dem Gesänge eines beduinischen Dichters, der im reinsten Arabisch die Taten seiner Vorfahren pries.

Endlich brach der Abend an und mit ihm ein herrliches Schauspiel, denn die ganze Lagerstadt erleuchtete sich mit unzähligen Lampen und farbigen Ballons. Vor vielen Zelten brannten Feuer, überall war Helle und Glanz, und in diesem Lichtermeer wogte das Pilgerheer bis gegen Mitternacht auf und ab. Erst nach 1 Uhr konnten wir in der bestellten Kaffeebude unser Nachtlager aufschlagen und eine kurze Ruhe genießen, die aber schon um 5 Uhr durch den Kanonenschuß, der den heiligen Tag verkündete, unterbrochen wurde. Nachdem wir im Freien unser Morgengebet verrichtet hatten, suchten wir, da unser Nachtquartier bereits überfüllt war, ein anderes Kaffeehaus auf, in dem es jedoch völlig unmöglich war, etwas Genießbares zu bekommen. Kaum daß wir dort ein wenig Platz zum Sitzen finden konnten. Dieser Raum war dazu so schwül und schmutzig, daß ich ihn bald mit meinen beiden unzertrennlichen Begleitern, der Familie Ssadak, floh und ins Freie eilte, um den heiligen Berg Arafa zu besuchen.

Wie ich vor das Tor der Kaffeebude trat, hatte ich einen überraschenden, großartigen Anblick. Die glutroten Strahlen der aufgehenden Sonne überzogen den Berg mit wundervollen, warmen Farben, so daß die ganze Felsenmasse strahlte wie ein einziger feuerroter Ofen. An Bäumen fehlte es gänzlich, selbst Sträucher waren nur wenig zu sehen; statt dessen schmückte sich der Berg mit unzähligen weißen Punkten, die auf ihm bald einzeln, bald in Gruppen herumirrten – die mit dem weißen Ihram bekleideten Pilger.

Die Begeisterung nahm nun immer mehr zu und äußerte sich in unzähligen Labikrufen. »Labik«, so tönte es in den Straßen der Hüttenstadt; hervor aus ihren Zelten drang der Ruf »Labik«; »Labik«, so schrie ein jeder Pilger, der eben sein Gebet verrichtet hatte; »Labik«, so hallte es durch die ganze Ebene wieder und wieder, und das Echo des Granitfelsens Arafa gab zwar schwach, aber doch hörbar den Ruf »Labik« zurück. In Begleitung meines Metuaf und seines Sohnes bestieg ich nun die Granitmasse, die nur etwa achtzig Meter über die Ebene emporragt. Der Weg zu ihrem Gipfel besteht zum Teil aus Stufen, welche in den Felsen eingehauen sind. Nachdem wir etwa fünfundvierzig dieser Stufen erklommen hatten, befanden wir uns an der Stelle, an welcher die beiden ersten Menschen sich nach langer Trennung wiedergefunden haben sollen. Es muß jedenfalls ein sonderbarer Anblick gewesen sein, als diese beiden riesigen Menschen, die nach der Ansicht des Islam schon doppelt so hoch als der ganze Berg Arafa gewesen sein müssen, auf diesem kleinen Hügel beieinander gestanden haben. Aber wenn ich auch innerlich mich an diesem Gedanken ein wenig belustigte, äußerlich war ich genötigt, die größte Andacht zu bezeigen und genau die für diese Stelle vorgeschriebenen Gebete nachzusprechen.

Nach weiteren siebzig Stufen erreichten wir eine Felsenplatte, welche die Kanzel genannt wird, und auf welcher heute eine Predigt gehalten werde sollte. Hier war auch eine Marmortafel im Felsen angebracht mit einer Inschrift, die ich jedoch bei der Kürze der Zeit nicht zu lesen vermochte. Von hier aus wurde der Weg immer steiler und enger. Scharen von Pilgern bedeckten ihn, so daß wir nur mit Mühe zum Gipfel gelangen konnten. Dort bezeichnet eine kleine Kapelle die Stelle, wo Mohammed seine Jünger zu unterrichten und während der Pilgerfahrt selbst zu beten und zu predigen pflegte. Es war jedoch nicht daran zu denken, in das Heiligtum Einlaß zu erlangen, so dicht war dasselbe mit Hadschadsch besetzt, so daß wir uns begnügen mußten, unsere Gebete vor der Tür des Heiligtums zu verrichten.

Als ich nun vom Berge Arafa wieder hinunterstieg, fand ich überall eine Menge unbeweglich dastehender Pilger, welche alle bereits hier ihren Platz genommen hatten, um die Predigt, die erst in sieben bis acht Stunden vor sich gehen sollte, deutlich zu vernehmen. Ich verspürte aber dazu gar keine Lust, sondern besuchte statt dessen mit meinem Metuaf noch eine am Fuße des Arafa gelegene kleine Moschee, deren Inneres aber auch so mit den Leibern der Pilger gepflastert war, daß auch hier an ein Eindringen nicht zu denken war. Nachdem ich bemerkt hatte, daß an diesem Tempel nicht das geringste zu sehen war, lenkte ich meine Schritte nach unserer Kaffeebude zurück, wo ich die Zeit bis zum Beginn der Predigt zuzubringen gedachte.

Hier fand ich meinen armen alten Freund Schich Mustapha in den letzten Zügen. Sein Übel und seine Schwäche waren so schlimm geworden, daß sein Tod jeden Augenblick zu erwarten war. Aber sein Geist war noch nicht gelähmt. Eben, als ich eintrat, hielt er seinen drei leichtsinnigen Neffen, die, wie es schien, seinen Tod mit Ungeduld erwarteten, noch eine Predigt, worin er ihnen trotz seiner Todesschwäche in sehr derben Ausdrücken ein schlimmes Ende prophezeite, wenn sie ihren Lebenswandel nicht änderten. Als er meiner jedoch gewahr wurde, redete er mich folgendermaßen an: »O Abd-er-Rhamann! Du siehst deinen Bruder dem Tode nahe. Aber ich bin darüber nicht betrübt; im Gegenteil, ich freue mich, daß Gott mir die Gnade erwiesen hat, noch die Wallfahrt nach Mekka und Arafa zurücklegen zu können. O möge er mir noch gestatten, die heilige Predigt zu hören, dann will ich mit Freuden diesen irdischen Schauplatz verlassen, um im Paradiese die Wonnen zu genießen, die den frommen Gläubigen beschieden sind!«

Dieser letzte Wunsch meines guten, alten Freundes sollte leider nicht in Erfüllung gehen. Schich Mustapha starb und wurde begraben, ehe noch der Prediger die Kanzel bestieg. Kaum hatte der Greis seinen Geist ausgehaucht, so wurde er auch mit der auf den Pilgerreisen üblichen Geschwindigkeit in sein Leichentuch gewickelt und vor die Kaffeebude getragen; dort wurde ein Loch in den Sand gegraben, die Leiche hineingescharrt, und von diesem Augenblick an war der arme Alte so gründlich vergessen, als ob er niemals existiert hätte. Ich war vielleicht der einzige, der ihm noch ein freundliches Andenken bewahrte. Seine eigenen Neffen wußten schon am folgenden Tage so gut wie nichts mehr von ihm, sie sprachen nicht von ihm, sie dachten gewiß nicht an ihn, und der arme alte Schich Mustapha mit seinen langweiligen Predigten war und blieb vergessen. Es war, als ob diese drei Burschen nur den Tod ihres ehrwürdigen Oheims abgewartet hätten, um erst recht ein sittenloses Leben anzufangen. Kaum waren die Gebeine des Schich eingescharrt, als auch schon drei Tänzerinnen im Kaffeehause ihre Plätze an der Seite der drei Jünglinge eingenommen hatten. Von nun war ihr Lebenswandel gerade das Gegenteil von dem eines guten Moslems, und da sie meine Predigten, die ich als frommer Pilger an sie richtete, mit Hohngelächter beantworteten, so zog ich mich in einen Winkel der Kaffeebude zurück und wartete in Geduld der Stunde der Predigt auf Arafa.

Erst kurz vor der Stunde des Nachmittagsgebets suchte ich mir zwischen den dichtgedrängten Pilgerscharen auf dem Berge in der Nähe der Kanzel einen Platz zu erobern. Der Berg und seine nächste Umgebung war mit wartenden Hadschadsch wie besät, die eine hundertfache Mauer kahler Scheitel und nackter Schultern bildeten. Dennoch gelang es den kräftigen Rippenstößen, welche der Sohn meines Metuaf den Pilgern versetzte, hindurchzukommen, wobei er immer rief: »Platz, du fremder Hund, einem Sohn der heiligen Stadt!« So glückte es, so nahe an die Plattform vorzudringen, daß ich alles, was dort vorgehen sollte, hören und sehen konnte.

Da standen wir nun, gedrängt wie die Heringe, etwa noch eine halbe Stunde, während welcher sich die Pilger wilden Labikrufen und Gebeten und Andachtsübungen hingaben. Endlich kamen deutliche Anzeichen, daß etwas Wichtiges vorgehe. Alle Hadschadsch streckten die kahlen Häupter in die Höhe und blickten nach Westen; aber lange konnte ich nichts gewahren als in der Ferne einen besonders dichten Menschenknäuel, der sich in der Richtung auf Arafa hinwälzte. And nun erblickte ich in diesem Knäuel einen Mann, der auf einem Kamele saß und von einer Menge wilder Verehrer umgeben war; dieser Mann war der Chetib (Prediger), welcher die Arafapredigt halten sollte. Er schien sich einer Verehrung zu erfreuen, die geradezu an Anbetung grenzte. Einige Derwische warfen sich bei seinem Anblick sogar auf den Boden nieder und ließen das Kamel über ihre Rücken schreiten. Selig waren sie, wenn sie von dem Tiere zu Tode gedrückt wurden! Dann waren sie des Paradieses gewiß!

Jetzt kam der Prediger ganz dicht bei mir vorbei. Es war ein alter Mann mit dunklem Gesicht und sehr spärlichem weißen Barte. Er hielt sein Antlitz steif und starr gen Himmel gerichtet, seine Augen blickten stier und fest nach den Wolken, unbeweglich, unablenkbar. Um sein Kamel, welches von zwei Sklaven geführt wurde, kümmerte er sich gar nicht; die Menschenmenge um ihn herum schien ihn noch weniger anzugehen. In überspannter Verzückung blickte er nur immer nach oben, als habe er nur mit den dort Wohnenden, nicht aber mit der sündigen Menschheit auf Erden zu verkehren. – Gewöhnlich ist es der Kadi von Mekka, welcher die Arafapredigt hält; in diesem Jahre hatte jedoch ein anderer Mollah (Geistlicher) seinen Platz eingenommen; warum, wußte mir aber niemand zu erklären.

Endlich war der Chetib auf der Plattform angekommen, wo er seine Predigt, ohne vom Kamel abzusteigen, begann. Diese Predigt dauerte zwei Stunden und war aus allbekannten religiösen Formeln zusammengesetzt, welche der Prediger aus einem Buche, das er in der Hand hielt, ablas. Dieser Prediger hatte eine hohe, näselnde Stimme und eine so undeutliche Aussprache, daß, glaube ich sicher, nicht ein Zehntel der Pilger die Rede verstehen konnte. Dies ist auch gar nicht nötig; denn das Verdienst besteht nicht darin, daß man die Predigt recht aufnimmt, sondern darin, daß man überhaupt zurzeit, wenn sie gehalten wird, beim Berge Arafa anwesend ist. Ich hörte die ganze Predigt zwar ziemlich gut, verstand aber nur hier und da ein etwas deutlicher ausgesprochenes Wort, woraus ich schließen konnte, daß es sich um die Verdienste der Pilgerfahrt handelte. Von Zeit zu Zeit hielt der Prediger inne. Diese Augenblicke benutzten die zwanzig- bis dreißigtausend anwesenden Pilger jedesmal, um in ein donnerndes Labikgeschrei auszubrechen, wobei sie die Zipfel ihres Ihrams über dem Haupt in die Höhe hielten und in der Richtung nach Mekka schwenkten. Sehr notwendig sind auch die Tränen der Rührung, welche bei den Predigten vergossen werden müssen. So hielt denn auch der Chetib jeden Augenblick ein großmächtiges Schnupftuch, welches, wie mir schien, von rotem Baumwollstoff war, vor die Augen, um durch dieses weithin sichtbare Zeichen anzudeuten, daß die Pilger es nicht an der nötigen Rührung möchten fehlen lassen. Bei vielen Pilgern waren die Tränen ohne Zweifel echt, bei andern gewiß nur Krokodilstränen, und bei wieder anderen, wozu ich auch gehörte, wollten sie gar nicht zum Vorschein kommen. Trotzdem hielt auch ich mir ein großes gelbes Tuch vors Gesicht, hinter dessen weiten Falten ich meine völlig trockengebliebenen Augen verstecken konnte. Ssadak und Sohn weinten jedoch die allerhellsten Tränen. Die elenden Heuchler! Wie sie das nur fertig brachten!? Je weiter die Predigt vorrückte, desto stärker wurde das Schluchzen, Seufzen, Gestöhne und Weinen der Pilger. Zuletzt wurde die Menge aber doch sichtlich der Predigt müde. An die Stelle des Weinens trat bei manchen Gähnen; viele trippelten förmlich mit den Füßen vor Ungeduld, und dünner und dünner wurden die Scharen um mich herum, denn eine Menge warteten gar nicht das Ende der Predigt ab, um sich zurückzuziehen.

Kaum war die Sonne in der Richtung nach Mekka untergegangen, so schlug der Chetib sein Buch zu, steckte das große, rote Schnupftuch ein, und damit war die Predigt beendigt. Jetzt noch ein letztes lautes Labikrufen, ein letztes Tücherschwenken, und nun begann das Heruntersteigen. Und wie schnell das ging! Gleich einem von einem Wolkenbruch angeschwellten Gießbach, so rollte der Pilgerzug vom Berge hernieder. Wehe dem, der nicht Schritt halten konnte, er war sicher, erdrückt oder zu Tode getreten zu werden, wie denn bei diesem Niedersteigen alljährlich nicht wenig Unglücksfälle vorkommen sollen. Auch ich mußte natürlich mit den Scharen vorwärts; kaum hatte ich Zeit, in der Hüttenstadt mein Reittier mitzunehmen. In dieser Budenstadt hält man sich sonst gar nicht auf, sondern drängt unaufhaltsam weiter, wieder nach Mekka zurück, oder vielmehr nach dem zwischen Mekka und Arafa gelegenen Menaa, wo die letzte religiöse Station der Pilgerfahrt ist, die jeder Hadsch auf dem Rückwege von Arafa besuchen muß.

Die Hüttenstadt bot jetzt schon einen völlig andern Anblick dar. Alle Zelte waren abgebrochen und befanden sich bereits auf den Kamelrücken unterwegs nach Menaa. Auch die Bretterbuden waren zum Teil schon wieder zerstört worden.

Unaufhaltsam wälzte sich der Pilgerschwarm vorwärts. Da es inzwischen Nacht geworden war, so wurden eine Menge Fackeln angezündet, so daß man den Weg ganz gut sehen konnte. Auch mein Metuaf hielt eine Fackel in seiner altersschwachen Rechten; aber die Fackel schwankte so sehr in seiner Hand, daß er oft den Boden damit berührte. Dabei begegnete ihm, oder vielmehr mir, das Unglück, daß er bei einer besonders tiefen Schwankung meinen Ihram in Brand steckte. Da derselbe von Baumwolle war, so loderte er auf einmal lichterloh auf und es gelang mir erst ihn auszulöschen, als er schon halb verbrannt war; und so mußte ich, wenn ich bisher nur zur

Hälfte bekleidet war, jetzt nur zum vierten Teil bekleidet bleiben. In diesem beinahe nackten Zustande beendete ich meine Wallfahrt.

Um Mitternacht kamen wir an eine Moschee, wo wir den Rest der Nacht auf freiem Felde schliefen, um am andern Morgen dem Frühgebete bei der Moschee beizuwohnen. Meine Nachtruhe war jedoch nur von sehr kurzer Dauer, denn schon um drei Uhr weckte mich Ssadak, um mich mit nach der Moschee zu nehmen. Es war der Tag des Korban Bairam, des großen Opferfestes, welchen größten Tag des Islam wir heute begehen sollten. Auf einer Plattform vor der Moschee hatte derselbe Chetib Platz genommen. Seine Zuhörer waren jedoch lange nicht so zahlreich als gestern, denn viele Pilger versäumen es, aus Ermüdung oder Faulheit, diese religiöse Feier mitzumachen. Die Rede dauerte diesmal nur dreiviertel Stunde und bestand aus denselben abgedroschenen Redensarten wie die frühere. Dann wurde das Morgengebet gehalten und darauf umarmte sich alles und wünschte sich Glück zum Fest. Auch ich mußte die Umarmungen einiger hundert Hadschadsch, welche ich in meinem Leben nie gesehen hatte, über mich ergehen lassen, und das war keineswegs angenehm, denn viele dieser Biedermänner waren krank, triefäugig oder verbreiteten einen pestartigen Geruch. Dann wurde noch einmal ein donnerndes Labik gerufen und der Pilgerschwarm wälzte sich weiter nach Menaa zu, wo wir etwa eine Stunde nach Sonnenaufgang anlangen sollten. Ehe ich jedoch aufbrach, mußte ich auf die Anweisung meines Metuaf hin einundzwanzig, das heißt dreimal sieben Steine vom Boden aufheben, die ich in einer eigens hierzu bereit gehaltenen Tasche aufbewahrte. Ich sah, daß alle Pilger dasselbe taten, und so wurden hier nahezu eine Million Steine aufgehoben, welche sämtlich dem großen Teufel an den Kopf geworfen werden sollten. In diesem Tale nämlich trat der Satan in der Gestalt der Schlange Iblis dem Vater Abraham auf seiner Pilgerreise nach Arafa dreimal in den Weg, um ihn von seinem frommen Vorhaben abzuhalten. Aber jedesmal warf Abraham auf den Rat des ihn begleitenden Engels Gabriel der Iblis sieben Steine an den Kopf, worauf sich die Schlange zurückzog.

Nach einstündigem Ritt kamen wir dicht vor dem Dorfe El Menaa in eine sehr enge Schlucht, wo es bald ein außerordentliches Gedränge geben sollte. Die ganze Karawane stockte plötzlich an diesem Punkte, denn hier hatte es dem Fürsten der Finsternis gefallen, dem Abraham zu erscheinen, und hier bei einer Denksäule muß der Teufel zum erstenmal gesteinigt werden. Alle Pilger drängten sich auf einmal hinzu, um der gottverfluchten Iblis die ersten sieben Steine an den Kopf zu werfen. Da aber um die Säule herum nur für einige Hundert Platz war und einige Tausend sich hinzudrängten, so war nun das entsetzlichste Durcheinander die unausbleibliche Folge. Viele Pilger wurden auf den Boden geworfen und niedergetreten; andere stürzten mit ihren Kamelen, Eseln, Pferden; einige Sänften fielen, das Oberste zu unterst – es war ein wahrhaft verwirrendes Geschrei, Gestöhne, Geschluchze; aber selbst in diesem Tumult siegte der religiöse Ruf Labik, der sich über all dem Jammer deutlich vernehmbar machte. Daneben aber konnte man viele andere unheilige Laute hören. Hier schrie ein stämmiger Kerl aus Syrien, indem er sich rechts und links mit Faustschlägen den Weg bahnte: »Platz da, du Hund, Sohn eines Hundes; weg mit dir. Auswurf der Hölle« und so weiter in noch viel schlimmern Ausdrücken. Daneben regnete es rechts und links Faustschläge. Einige fromme Hadschadsch hatten sich bei der Kehle gepackt. Andere warfen sich gegenseitig die Steine an den Kopf, welche eigentlich für den Satan bestimmt waren. Kurz, der Fürst der Finsternis, der natürlich an Zwietracht, Haß und Streit die größte Freude haben muß, feierte hier, gerade an dem Orte, wo er gesteinigt wurde, die allerschönsten Triumphe. Wie ich nicht selbst mit zerbläutem Körper und zerbrochenen Gliedern aus diesem Gewühl hervorging, das ist mir heute noch ein Rätsel. Nach halbstündigem Hin- und Herdrängen, Hin- und Herstoßen und Gestoßenwerden, gelangte ich endlich einige hundert Schritte vor die erste Satanssäule, einen von unförmigen Steinen errichteten Pfeiler, werfen konnte ich aber von hier aus natürlich nicht. Doch der Pilgerknäuel schob mich, ohne daß ich daran etwas tun konnte, vorwärts, bald schob mich ein Rippenstoß von rechts ein paar Schritte weiter, bald einer von links. Als ich ungefähr zwanzig Fuß von ihm entfernt war, warf ich, nach Ssadaks Anweisung, meine ersten sieben Steine, einen nach dem andern, auf den Pfeiler, wobei ich folgende Worte nachsprechen mußte: »Im Namen des allgewaltigen Gottes!

Ich vollbringe diese Handlung, weil ich den Teufel hasse. Möge ewige Schmach und Strafe sein Lohn sein!« – Einige Pilger fügten diesen Worten noch andere hinzu, zum Beispiel folgende: »Mögen diese Steine dem Teufel das Gesicht zerschlagen und ihm den Rücken brechen!« So wird schon seit zwölfhundert Jahren alljährlich dem Satan das Gesicht zerschlagen und der Rücken gebrochen, aber er befindet sich dabei ebenso wohl als vorher und hat gerade unter den frommen Hadschadsch seine eifrigsten Anhänger.

Gleich bei dem ersten Teufelspfeiler beginnt schon das Dorf El Menaa, welches in der engen Talschlucht gelegen ist. Dieses Dorf mag etwa hundert Steinhäuser zählen, aber an diesem Tage wird es durch die vielen Kaffeebuden und Kaufläden beinahe zu einer Stadt. Der Großscherif, seine Söhne, der Kadi von Mekka und einige der reicheren Leute der heiligen Stadt haben ihre Häuser in Menaa, in welchen sie während dieser Tage wohnen. Die andern Pilger suchen ihre Unterkunft in den vielen Kaffeebuden und Barbierstuben, an welchen letzteren hier großer Überfluß ist, da die meisten Pilger sich nach dem Steinewerfen rasieren lassen, um dann das Pilgerkleid für immer mit Feierlichkeit abzulegen.

Auch bei der zweiten Teufelssäule, die mitten im Dorfe gelegen ist, war der Andrang ungeheuer, und ich mußte mich begnügen, meine Steine von ferne ans das Haupt der Iblis zu schleudern. Ob sie an ihre Adresse gelangten, das konnte ich wegen des dichten Schwarms, den den Pfeiler umlagerte, nicht sehen. Am Ende des Dorfes fanden wir eine große Anzahl von hölzernen Barbierstuben und Barbierzelten, welche bereits von einem ungeheuren Heer von Pilgern angefüllt waren, die daselbst die feierliche Ablegung des Ihram vornahmen.

Diesen Barbierstuben gegenüber liegt der dritte Teufelspfeiler, der ebenfalls von einem dichten Pilgerschwarm umlagert wurde. Hier warf ich meine letzten sieben Steine, verfluchte den Teufel noch einmal und dann – war ich mit der ganzen Pilgerfahrt fertig. Ich fühlte mich wahrhaft erlöst, nun die letzte dieser langweiligen religiösen Pflichten hinter mir lag. Jetzt konnte ich das abscheuliche Pilgergewand ablegen! Es war mir, als wäre mir plötzlich eine große Last von der Brust genommen.

Aber obgleich ich nun den Ihram ablegen konnte, so wußte ich doch noch nicht, wo dies geschehen konnte. Wollte ich dies in einer der Barbierstuben tun, so hätte ich gewiß bis zum Abend warten müssen. Ich wollte aber durchaus bald aus meinem halbnackten Zustand heraus, war doch mein Ihram durch Ssadaks Unvorsichtigkeit nichts mehr als ein halbverbrannter Fetzen. Auch sehnte ich mich danach, ein Bad zu nehmen, um mich von all den Unreinlichkeiten der Pilgerreise gründlich zu befreien. Dies konnte aber nur in Mekka geschehen, und da dort auch meine Kleider waren, so faßte ich den Entschluß, sofort wieder nach der heiligen Stadt zurückzukehren. Ssadak sah mich zwar bei dieser Mitteilung etwas seltsam an, aber endlich mußte er doch auf meinen Plan eingehen. »O mein Bruder«, sagte er, »es ist zwar ungewöhnlich, aber doch nicht sündhaft, was du tun willst. Zwar wäre es wünschenswert, wenn du den Teufel noch einmal steinigtest, aber bei deiner großen Frömmigkeit wird vielleicht das eine Mal genügen. Übrigens tätest du wohl, einen Hammel zu schlachten, oder besser zwei, einen weil heute das Opferfest ist und den andern als Sühnopfer für dein kurzes Verbleiben in Menaa. Etba Kebsch! Etba Kebsch! (Opfere die Hammel! Opfere die Hammel!)«

Ich gelobte natürlich, die Hammel zu opfern, worüber Ssadak in die freudigen Worte ausbrach: »O Maghrebi! Du mußt fürwahr ein Königssohn sein, um so viel Geld für Opfer ausgeben zu können!«

Ehe wir jedoch abzogen, sollten wir noch der Opferung der heiligen Hammel beiwohnen, welche jährlich an diesem Tage im Tal Menaa unter großer Feierlichkeit vollzogen wird, wie überhaupt jeder Moslem, der nur irgendwie die Mittel dazu hat, an diesem Tage einen Hammel schlachten muß.

Da ich gelobt hatte, zwei Hammel zu opfern, so mußten die Tiere jetzt natürlich gleich angeschafft werden. Etwa fünftausend Hammel hatte man auf freiem Felde unweit Menaa aufgestellt, für welche die Eigentümer die lächerlichsten Preise verlangten. Sonst kostete ein Hammel in Mekka einen Rial, jetzt aber verlangte man vier bis fünf Rial, ja noch mehr; Ssadak gelang es jedoch, zwei Tiere für acht Rials zusammen für mich einzukaufen.

Bald darauf begann auch die große Opferung. Einige zehntausend Pilger, von denen jedoch nur etwa der dritte Teil Hammel vor sich hatte, standen auf einem freien, unebenen, steinigen Felde unweit Menaa. Der Kadi von Mekka, der an der Spitze dieser Pilgerscharen stand, hatte gleichfalls einen Hammel vor sich, der über und über bunt bemalt war. Nach einem kurzen Gebet gab dieser Würdenträger das Zeichen zum Schlachten, indem er seinem Hammel den Kopf in der Richtung nach Mekka drehte und ihm dann die Kehle mit einem krummen Messer durchschnitt. Und nun sanken auf einmal dreitausend Opfer auf den Boden, der sich in ein wahres Blutmeer verwandelte, ein Anblick, der mich so anekelte, daß ich schnell mit Ssadak abzog, während wir dem Sohne auftrugen, die beiden soeben geschlachteten Hammel zu waschen und abends nach Mekka zu bringen, wo sie in Hamdans Hause feierlich verzehrt werden sollten. – Diese Opferung findet nach der Aussage der Gelehrten des Islam zum Andenken an das Opfer Abrahams, der seinen eigenen Sohn zu schlachten gelobt hatte, statt. So hatte ich nun die Qualen und Freuden der Wallfahrt nach Arafa hinter mir, kehrte nach Mekka zurück, legte dort unter Gebeten den Ihram ab und meine Kleider an und ließ mich von einem frommen Barbier rasieren, der bei dieser Handlung in einem fort Lobsprüche murmelte.

Kapitel 8. Die Flucht

Bisher war mir das Schicksal auf meiner Reise insofern günstig gewesen, als niemand von meiner wirklichen Herkunft eine Ahnung hatte. Nun sollte mir aber mein dummer prahlerischer Metuaf einen Streich spielen, der meine Reise zu einem plötzlichen Ende brachte.

Ich war kaum von Arafa zurückgekehrt, als ich das große Bad von Mekka aufsuchte. Ssadak begleitete mich, um während meiner Anwesenheit im Dampfbade meine Kleider zu bewahren. Als ich eintrat, waren außer den Dienern nur etwa zwanzig Personen im Bade, von denen einige bereits gebadet hatten und nun entweder von den Anstrengungen ausruhten, oder sich von den jungen Badeknechten noch einmal recht gründlich durchkneten ließen. Der Badewirt, ein spindeldürrer Mekkaner, wies mir eine Nische an, in welcher ich mich meiner Kleider entledigte. Nun nahmen mich zwei junge, langgelockte Badeknechte in Empfang, zogen mir hölzerne Sandalen an und führten mich dann in den Dampfsaal. Soweit ging alles gut. Auch das Kneten, Reiben, Reißen der Glieder, Waschen, Einseifen, alles ging seinen gewöhnlichen Gang, und ich wurde geknetet, gestriegelt, gewaschen, gereinigt, hier und da auch ein wenig geschunden, und zuletzt mit einem Turban und weißen Gewändern bekleidet wieder in den ersten Saal zurückgeführt, wo ich mich ausruhen sollte.

Wer beschreibt aber mein Entsetzen, als ich hier meinen Metuaf mit vier bis fünf Männern im lebhaftesten Gespräch fand, welche – den reinsten algerischen Dialekt sprachen. Es war klar, daß Ssadak mit diesen Leuten über mich geredet hatte; auch war sicher, daß er ihnen die Fabel von dem »Prinzen von Algier« zum besten gegeben hatte, denn diese Maghrebier schienen die größte Lust zu verspüren, meine nähere Bekanntschaft zu machen. Ich wurde deshalb von den fünf Algerern mit der größten Neugier gemustert, und als sie endlich herausfanden, daß ich kein Bekannter von ihnen sei, da malte sich Enttäuschung und zugleich auch Mißtrauen auf ihren Zügen. Einer von den Leuten redete mich auch an und begann mich recht zudringlich auszufragen; aber ich antwortete, um mich durch meine schlechte Sprache nicht zu verraten, nur mit ja und nein, und so zogen sie sich bald zurück, um mit leiser Stimme, aber für mich doch hörbar, folgendes Gespräch zu führen:

»Was dünkt euch«, so sprach einer, »von diesem Prinzen von Algier? Unser letzter Pascha hatte ja gar keinen Sohn; wie soll also so ein elender, hergelaufener Kerl, den kein Mensch von uns, die wir doch Algerer sind, kennt, der Sohn unseres Pascha sein?«

»Die Sache«, so erwiderte ein anderer, »geht gewiß nicht mit rechten Dingen zu. Wenn dieser Mensch, der sich für einen Prinzen von Algier ausgibt, ein armer Teufel wäre, so würde ich keinen Verdacht schöpfen. Aber dieser Kerl scheint Geld zu besitzen. Das ist verdächtig. Ich vermute, daß er ein verkappter Rumi (Christ), vielleicht gar ein französischer Spion ist!«

Man kann sich denken, daß mir bei diesen Worten die Haare zu Berge standen. Das entsetzliche Wort Rumi war ausgesprochen, ich war entdeckt! Ich fühlte mich schon ergriffen, gebunden, vor den Kadi geschleppt und gerichtet. Das wäre auch ohne Zweifel mein Schicksal gewesen, wenn es bei den Moslems nicht üblich wäre, alles mit der größten Ruhe zu betreiben; denn eben traten die Badeknechte ein, und die Algerer waren doch gekommen, ein Bad zu nehmen; so verschoben sie denn ihre Anzeige und ließen sich vorerst in den Dampfsaal führen. Kaum waren sie hinter der Tür verschwunden, als ich aufsprang, mich im Nu ankleidete und den erstaunten Ssadak aus dem Badehause mit fortriß. Draußen schickte ich unter einem Vorwand Ssadak davon, eilte in meine Wohnung zurück, nahm nichts als einen Anzug und Mantel und ging eilends in die Vorstadt der Beduinen, wo es mir ohne Mühe gelang, einen Esel nach Dschedda zu mieten. Ich sagte also der »Hauptstadt der Welt«, der »Gepriesenen«, »Glückseligen«, dem »Schatten Gottes auf Erden«, Lebewohl und trabte in Begleitung eines Beduinen schnurstracks und ohne Aufenthalt davon, eine wahre Hedschra, ähnlich der des Propheten des Islam. Leider mußte ich nun auch die beabsichtigte Reise nach Medina aufgeben.

Ich ritt beinahe unaufhaltsam vierzehn Stunden und kam am elften Du el Hödscha um 3 Uhr morgens in der Hafenstadt an. Hier war alles wie in Mekka im Festesjubel, die Reichen glänzten in ihren Feiertagskleidern, die Kaffeehäuser waren gestopft voll, hier und da ertönte

Musik, Tänzerinnen durchzogen singend und hüpfend einzelne Straßen, kurz, ganz Dschedda war in der schönsten Feier begriffen.

Ich hatte dagegen nur den einen Gedanken, Dschedda so bald wie möglich zu verlassen. Deshalb ging ich gleich nach dem Hafen und fand zu meiner unbeschreiblichen Freude auch richtig eine kleine englische Brigg »Mary Ann« aus Glasgow, welche nach drei oder vier Tagen nach Ostindien gehen sollte. Der Kapitän war nicht wenig erstaunt, einen vermeintlichen Araber geläufig englisch reden zu hören; indes machte er, als ich ihm eine wohlgespickte Börse zeigte, keine Schwierigkeit, mich mitzunehmen.

Von Bombay, nachdem ich mich mit Hilfe eines englischen Schneiders und Barbiers wieder in einen Europäer verwandelt hatte, schrieb ich an meinen Doppelgänger in Algerien und schickte ihm seinen Paß zu, der ihm von nun an den frommen Titel eines Hadsch sichern sollte. Der Brief, den mir der alte Kifraucher, welcher nie aus seinem besoffenen Zustande ganz herauskam, als Antwort auf den meinigen sandte, möge als Schlußstein meiner Wallfahrt nach Mekka hier stehen:

»O Rumi!« so begann dies seltsame Schreiben, »wenn es Wahrheit wäre, daß du an meiner Stelle in der heiligen Stadt gewesen wärest, so müßte sich mein Gewissen dadurch sehr beunruhigt fühlen, denn ich hätte ja unsere heilige Religion geschändet. Aber als ich in Tunis sechs Monate lang in dem Kaffeehaus der frommen Gläubigen und Gottseligen (nämlich der umnebelten Haschischraucher) lag und mich ganz der Gnade Gottes hingab, da suchte mich die göttliche Offenbarung heim, und ich sah im Geiste mich selbst in Dschedda ankommen, nach Mekka pilgern, die Kaaba besuchen, nach Arafa wallfahrten und den Teufel im Tale Menaa steinigen. Ja, ich könnte dir genau alles sagen, wo ich wohnte, wie Mekka aussieht, mit wem ich umging, wenn ich dies nicht seitdem vergessen hätte. Da nun alle Wirklichkeit nur Schein und die Gnade Gottes (der Haschischrausch) allein Wahrheit ist, so ist es unzweifelhaft, daß ich der wahre Pilger bin und folglich mit dem größten Rechte den frommen Titel eines Hadsch führen kann. Deshalb zeichne ich, indem ich dich im Namen der Gnade Gottes, die in uns wohnt, grüße, zum erstenmal in meinem Leben mit dem religiösen, mit Recht von mir getragenen Titel

Hadsch Abd-er-Rhamann ben Mohammed,
Algier, am 12. Dschema el Ual 1277.«